# 종교와 선택

로드니 스타크와 기독교

김태식

# 종교와 선택

## 로드니 스타크와 기독교

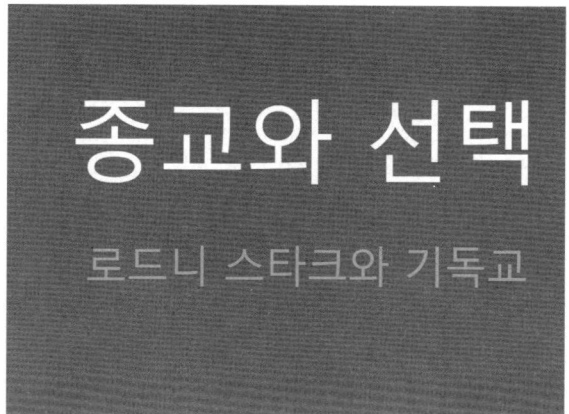

김태식 지음

한들출판사

# 저자의 글

본서는 미국의 저명한 종교사회학자인 로드니 스타크(Rodney Stark) 박사의 이론과 그의 학문 세계를 소개하는 글이다. 교회사를 전공한 저자가 종교사회학자의 사상을 다루게 된 계기는 교회사 연구방법론에 대한 관심과 무엇보다도 교회사에 대한 기존의 전통적인 연구방법과 달리 새롭게 부상한 종교사회학적인 연구방법의 가능성을 보았기 때문이다. 기존의 연구방법은 주로 성서나 어느 특정 교단(교회)에 집중하여 교회사를 신적인 어떤 것이나 교회라는 한 기관(혹은 교리)의 역사로 간주하였다. 그렇지만 종교사회학은 교회를 가족, 학교, 공동체와 같은 사회기관들 중 한 형태로 간주하고 종교와 그 환경(개인을 포함) 사이의 상호관계를 사회학적으로 연구함으로써 기독교 역사와 사회학과의 만남을 시도한다.

종교사회학적 방법이란 종교 현상에는 항상 인간적인 측면들이 존재하기 때문에, 종교를 '인간적인 측면에서' 연구하는 것이 가능하다는 공통된 신념에서 출발하였다. 이 방법은 기존 학자들이 추구했던 영적이며 심리학적인 접근 방법보다 인구학적, 정치적, 사회, 문화적인 요소들을 기반으로 기독교 역사와 그 역사가 속한 주변 문화와의 관계를 집중적으로 연구하여 교회 역사를 보다 객관적이며 과학적으로 분석하고 서술하려는 시도이다.

미국의 종교사회학자들 가운데 대표적인 사람이 스타크다. 그는 미국의 종교사회학계와 기독교계에 수많은 충격과 논란을 일으키며 여전히 연구를 진행하고 있는 대학자로 평가받고 있다. 그의 학문적인 특징은 종교사회학적인 방법론을 가지고 주로 기독교 역사와 교단들을 연구한 점이다. 그동안 한국에서도 주로 종교학과와 몇몇 신학교에서 간간이 소개되던 차에 저자가 유학을 마치고 귀국하여 그의 저서인 《미국 종교시장에서의 승자와 패자》(서로사랑, 2009, 2014 개정역)와 여러 편의 논문을 발표하여 이제는 학계와 일반 교회와 목회자들도 어느 정도 스타크를 알게 되었다. 최근에는 미국에서 이 분야를 전공한 종교사회학자들이 활동하고 있고, 국내에서도 박사학위 논문이 나올 정도로 많은 관심을 갖게 된 것을 기쁘게 생각한다.

본 저서의 한계를 명확히 하는 것이 필요할 듯하다. 스타크 본인도 밝혔듯이, 그의 학문 세계와 연구방법은 신학이 아닌 종교사회학이다. 그러므로 특정 신학적 교리나 교단 신학으로 접근하거나 평가하려는 시도는 그의 학문 세계를 이해하는 데에 적합하지 않다. 학문간의 통섭이 요구되는 시대에, 기독교 역사와 종교사회학과 만남의 시도이며 기독교 본질과 현상을 더욱 잘 이해하려는 새로운 시도의 결과라는 것을 기억하는 것이 도움이 될 듯하다. 이것이 종교사회학에 일천한 저자가 용기를 내어 그의 사상을 소개한 이유이다.

본 저서의 많은 부분은 그동안 학회에서 발표하였거나 출판되었던 내용을 기초로 했다. 제2장의 내용은 "로드니 스타크의 교회(Church), 분파(Sect), 이교(Cult) 이론 이해와 의의: 기독교의 사회적 형태에 대한 종교사회학적 이해"(〈역사신학논총〉 제22집 2011년 겨울), 제3장은 "로드니 스타크의 종교의 합리적 선택이론: 개인과 사회적인 신앙(교회) 상호관계의 기초 원리에 대한 종교사회학적 접근"(〈한국교회사학회지〉 제31집 2012년 봄), 제4장은 "초대 기독교공동체의 성공과 종교의 합리적 선택이론: 초대 기독교공동체에 대한 로드니 스타크의 종교사회학적 이해"(〈역사신학논총〉 제26집 2013년 가을), 제7장은 "몰몬교의 성공과 전망: 로드니 스타크의 종교사회학적 이해"(〈역사신학논총〉 제25집 2013년 봄)를 기초로 했음을 밝혀둔다.

이 저서가 나오기까지 많은 분들의 헌신과 수고가 있었다. 늘 가정을 돌보며 내조해준 사랑하는 아내 김은영과 두 딸 김나영, 김시온에게 고마움을 표한다. 많은 관심과 격려로 후원해주시고 추천사를 써주신 존경하는 교수님들과 세종수산침례교회 성도들, 그리고 바른 신학과 한국교회의 갱신을 열망하여 출판을 흔쾌히 허락해주신 한들출판사 정덕주 목사께 진심으로 감사드린다.

마지막으로 지금은 은퇴하셨지만 오랜 기다림과 깊은 애정을 가지고 늘 저자를 지도해주시기를 즐겨하시고 연구자의 길을 걷게 해주신 멘토이자 은사이신 다니엘 홀콤(Dr. Daniel Holcomb) 박사께 이 책을 바친다. 모쪼록 이 글을 통해 한국교회의 과거, 현재, 미래를 볼 수 있는 단서를 제공할 수 있다면, 저자로서는 더없는 기쁨이 될 것이다.

2015년 10월 지족동에서<br>
저자 김태식

# 추천사

 '종교에서의 합리적 선택이론'과 '종교적 경제학' 개념으로 유명한 스타크는 오늘날 종교사회학자 가운데 가장 왕성한 필력을 보여주는 중요한 종교이론가이다. 특히 스타크는 초기 기독교의 발흥과 근대 서구의 종교적 상황 변화를 설명하기 위한 독보적인 시각을 제시한 학자로 명망이 높다. 스타크의 핵심 사상을 알기 쉽게 소개하고 문제점을 비판적으로 제시한 김태식 박사의 책은 종교학자와 신학자 모두에게 유용한 지침서가 될 것이다.

━━━━━━━━━━ **배국원 총장**(침례신학대학교, 종교철학)

 김태식 박사의 스타크에 관한 논문들을 엮은 이 책은 이미 학계에서는 검증받은 내용이지만, 현실적으로 대중들에게는 시장이론으로 교회사를 살피는 그의 이론이 신성모독에 가까운 낯설음이 있는 것도 사실이다. 그런데 이 책을 저자의 친절한 설명을 따라 꼼꼼히 읽으면서, 근대사회와 함께 시작된 종교학과 종교현상학으로부터 종교사회학에 이르기까지의 잘 정리된 이론들을 하나씩 이해하다보면, 어느새 스타크의 이론을 이미 상당한 정도 받아들이고 있었던 자신의 무의식을 제대로 의식하게 된다. 특히 그의 종교시장이론과 합리적 선택 이론을 통해, 부정할 수 없을 정도로 세속화된 한국교회의 치부를 깨닫게 됨과 동시에 교회의 나아갈 길과 기독교의 초월적 본질과 체험을 강조한 스타크에게 독자들은 깊이 감사하게 될 것이다.

━━━━━━━━━━ **박창훈 교수**(서울신학대학교, 교회사)

스테판 워너(Stephan Warner)가 *American Journal of Sociology*에 종교사회학의 새로운 패러다임에 관한 논문을 발표한 이래, 소위 시장이론 혹은 합리적 선택이론은 유럽 중심의 세속화 이론에 맞서 종교사회학 이론의 한 축을 이루어 왔다. 최근 세속화 논쟁이 한풀 꺾이면서 이러한 논쟁 열기도 조금 잦아든 감이 없지는 않지만, 여전히 세속화 및 그와 관련된 주요 논제들은 현대 종교사회학의 주요한 과제로 남아 있다. 한국 학계에는 세속화 이론이 피터 버거(Peter Berger)의 《종교와 사회》(*Sacred Canopy*, 종로서적, 1981)와 토마스 루크만(Thomas Luckmann)의 《보이지 않는 종교》(*The Invisible Religion*, 기독교문사, 1982) 등을 통하여 널리 소개된데 반하여, 시장이론은 상대적으로 주목을 덜 받아온 것이 사실이다.

하지만 최근에는 시장이론의 여러 저서들이 번역되고 있고(김태식이 번역한 《미국 종교시장에서의 승자와 패자》 등이 그 예이다), 시장이론을 공부한 학자들에 의해 한국종교에 대한 시장이론적 분석도(유광석, 《종교시장의 이해》가 여기에 해당한다) 출판되었다.

이러한 상황에서 시장이론의 핵심 인물인 스타크의 생애와 사상을 이해할 수 있는 책을 대할 수 있게 된 것은 매우 반가운 일이라고 하지 않을 수 없다. 저자가 그 내용을 교회사, 혹은 신학적 입장을 중심으로 다룬 것은 일견 아쉬울 수도 있지만, 이는 또한 한 분야의 이론을 인접 분야에 확대하고, 융합적 학문의 진로를 모색하는 의미 있는 시도라고 생각한다(그리고 이러한 시도는 최근 스타크 자신의 중요한 연구 경향이기도 하다). 이러한 로드니 스타크, 또한 그의 사상을 소개하는 본 저자의 의도가 한국 학계에 잘 수용되어 의미 있는 결과물들을 낳기를, 나아가 일반 독자들에게는 한국 교회를 바라보는 새로운 시각을 제공하는 계기가 되기를 기대해 본다.

― **최현종 교수**(서울신학대학교, 종교사회학)

저자가 본서에서 집중적으로 다루고 있는 스타크(Dr. Rodney Stark)는 한 세기 전에 유럽에서 활동했던 트뢸취(Ernst Troeltsch), 베버(Max

Weber), 두르카임(Émile Durkheim) 등의 학풍을 이어받은 당대의 미국학자라고 말할 수 있다. 그들은 현대사회학(Sociology)을 태동시킨 인물들이었는데, 기독교를 비롯한 여러 종교적인 현상까지 사회학적 관점에서 연구하며 분석하고 예측하였다. 특히 스타크는 미국의 기독교 교파들과 미국에서 발생한 기독교적인 이단들의 태동, 성장, 발전의 과정을 각종 통계적인 자료들에 근거하여 경제학과 사회학적으로 비교 분석하며 연구하였다.

스타크는 종교적인 현상들을 설명할 때 과감하게 사회과학의 용어들을 사용했는데, 대표적인 용어가 '종교경제'(Religious Economy)이다. 이것은 종교적인 현상들도 경제학의 기본 원칙에 비추어 연구하고 설명할 수 있다는 의미이다. "최소의 경비(costs)로 최대의 효용(rewards)을" 얻으려는 것이 소비자들이 가지고 있는 기본적인 경제 원칙인데, 종교 소비자들이 종교와 기독교 교파를 선택할 때에도 이러한 원칙에 따라 합리적으로 선택한다. 그는 사람은 경제적인 인격인 동시에 사회적인 인격이기 때문에 종교적인 삶과 관련해서도 경제적이고 사회적인 동기에서 이성적으로 판단하고 결정하는데, 이를 "합리적 종교선택의 원리"(Rational Choice Theories of Religion)라고 부른다.

본서의 저자는 침례신학대학교에서 교회사 전반은 물론, 미국교회사를 가르치며 탁월한 논문들을 발표하고 있다. 동시에 담임목회 활동을 하고 있기 때문에 그의 학문적인 시야는 교회와 교회의 목회에 열려 있는 학자이다. 스타크의 대표적인 저서인 *The Churching of America, 1776-1992: Winners and Losers in Our Religious Economy* (1992)를 《미국종교시장에서의 승자와 패자》로 출간했을뿐만 아니라, 그의 이론과 주장을 신학계에 소개하며 이것들을 어떻게 한국적인 상황에서 적용할 것을 고심하고 있다.

한국의 신학계에서는 스타크의 기독교에 대한 종교사회학적 접근(Religio-Sociological Approach) 방법이 생소하게 받아들여지기는 하겠지만, 기독교적 현상을 신학적인 관점만이 아니라, 타학문과의 연계 속에서 종합적으로 연구하고 분석하며 예측하는 작업은 오늘날 침체를 거듭하고 있는 한국의 기독교계에 신선한 충격과 자극을 줄 것으로 기대한다. 특별히 한국교회의 거듭남을 위해 창조적으로 고민하고 있는 분들은 본서에서 소중한 보물을 찾게 될 것이기에, 기쁜 마음으로 추천한다.

───────────────── 김승진 교수(침례신학대학교, 교회사)

    저명한 종교사회학자 로드니 스타크는 종교연구에 "합리적 선택" 이론을 적용함으로 미국종교사뿐 아니라, 교회사 자체를 이해하는데 중요한 통찰을 제공해왔다. 물론, 종교를 사회학적 방법론으로 연구하는 것에는 장, 단점이 있다. 감각으로 포착되지 않는 영적 현상, 삼위일체론 같은 형이상학적 담론, 그리고 이성적 판단을 초월한 희생 같은 것들이 통계를 중심으로 한 '사회과학적 방법론'에 의해 제대로 포착될 수 있을까? 소위 '사회학적 환원주의'의 오류는 어떻게 극복할 수 있을까? 그러나 이런 한계와 위험에도 사회학적 방법론을 종교연구에 적용할 때, 기존의 신학적 연구로는 파악할 수 없던 소중한 사실들을 발견할 수 있게 된다. 이런 면에서 스타크의 많은 저서들이 미국종교뿐 아니라 기독교 자체를 새롭게 이해하는데 획기적인 기여를 해왔다.

    하지만 그동안 일부 종교학자와 종교사회학자들을 제외하곤, 국내에서 로드니 스타크에 주목해 온 학자들이 드물었기에 신학계에서 그의 이름은 여전히 생소하다. 그러나 국내 신학계에서 유일한 스타크 연구자인 김태식 박사께서 국내 최초로 스타크 연구서를 출판한 것은 정말 마른 땅의 단비처럼 반가운 소식이 아닐 수 없다. 여러 면에서 한국은 미국의 영향을 지대하게 받았으며, 특히, 한국교회와 미국교회의 관계는 더 이상의 설명이 불필요하다. 이런 맥락에서 미국교회 일반의 발전 과정 및 현재 급성장하는 종교운동들에 대한 스타크의 이론과 연구들은 한국교회의 발전과 현실, 그리고 미래를 이해하는데 큰 도움이 될 것이다. 전문가들뿐 아니라 한국교회를 주목하는 모든 분들이 함께 읽어야 할 필독서이다.

───────────────── 배덕만 교수(건신대학원대학교, 교회사)

## 차 례

저자의 글 / 5

추천사 / 9

제1장 로드니 스타크의 생애와 학문 ·············································· 15

제2장 교회, 분파, 이교 ······································································ 31

제3장 로드니 스타크의 합리적 종교 선택이론 ······························ 65

제4장 초대기독교 공동체의 성공과 종교의 합리적 선택이론 ······· 99

제5장 서구사회 발전에 끼친 기독교의 영향 ································ 131

제6장 미국종교시장에서의 승자와 패자 ········································ 145

제7장 몰몬교의 성공과 전망 ··························································· 161

결론 / 189

참고문헌 / 197

# 제1장
# 로드니 스타크의 생애와 학문

브라질의 구원자 예수 그리스도상

"논쟁하며, 반론하며, 물리치며, 이의를 제기하며, 화가 나서 발을 구르고, 식탁을 치며, 때때로 지적인 폭탄을 투하하며, 그(스타크)는 종교사회학을 계속적으로 혼돈 속으로 빠뜨리고 있다."

스타크에 대한 Andrew Greeley의 평가

"나의 관심은 신학적인 것이 아니라 역사적인 것이며 사회학적이라는 것을 분명히 하고 싶습니다."

스타크, *The Triumph of Christianity* 중에서

"본성상, 종교는 그 자체를 영원히 변화시키고 새롭게 하는 역동적인 힘이다."

스타크, 세속화 이론을 비판하며

# I. 생애

로드니 스타크(Rodney William Stark)는 1934년 7월 8일 노스 다코타(North Dakota) 주 제임스타운(Jamestown)의 한 루터교 집안에서 태어났다. 잠시 군대에 복무(1957-59)한 후 덴버대학교(Denver University)에서 저널리즘 전공으로 학부(1959)를 졸업하였다. 그는 대학교를 졸업하기 전부터 그 지역 신문인 덴버 포스트지(Denver Post, Denver. CO, 1955-56)와 오클랜드 트리뷴지(Oakland Tribune, Oakland, CA, 1959-61)에서 리포터로 사회생활을 시작했다. 대학원 학업을 지속하기 원했던 그는 버클리에 있는 캘리포니아대학교(the University of California, Berkely)로 진학하여 그곳에서 사회학 전공으로 석사(1965)와 박사학위(1971)를 취득하였다.

대학원 과정 중에 스타크는 학교의 설문 조사기관(Survey Research Center) 연구교수 보조 연구원(1961-70)과 법과 사회연구센터(Center for the Study of Law and Society) 연구원(1968-71)으로 사회학자로서의 경력을 시작하였다. 박사학위를 취득한 후 시애틀에 있는 워싱톤대학교(University of Washington, Seattle)에서 사회학과 비교종교학 교수로(1971-2033) 32년간 봉직했으며, 2004년부터는 미국의 최대 개신교 교단인 미남침례교단(Southern Baptist Convention, SBC)의 대학교들 중 하나인 베일러대학교(University of Baylor, Waco, TX)로 자리를 옮겨 현재 사회과학(the Social Sciences, 사회학을 포함하여 인류학, 경제학, 심리학 등 세계에 대해서 인간적인 양상들을 과학적으로 연구하는 분야)의 석좌교수로 재직하고 있다. 그리고 이 대학 종교연구기관(Institute for Studies of Religion)의 공동 디렉터와 유대교 그리고 공동체 연구기관(Institute for Jewish and Community Research, San Francisco, CA) 책임 전문위원(senior research fellow)과 중국 북경대학교(Peking University) 명예 사회학교수로 활동하고 있다.

    베일러대학교로 이적한 이유에 대해 스타크는 단지 사회학(sociology) 교수가 아니라 "사회과학들에 대한 학문간의 접근"(the interdisciplinary approach to social sciences)을 원했기 때문이라고 밝혔다. 이 밖에도 그는 1987-1999년까지는 워싱턴주의 시애틀과 벨뷰(Belevue)에 있는 MicroCase Corporation(인종, 종교, 정부, 정치, 가족, 결혼, 범죄 등 사회학적인 연구 주제들을 다루는 전문기관)의 공동 설립자와 디렉터로 일하였다.[1]

---

1) 로드니 스타크의 간추린 생애와 학업, 동료, 글들에 대해서는 주로 스타크 자신의 웹페이지(http://www.rodneystark.com)와 베일러대학교의 소개(http://www.baylor.edu), 그리고 각종 인터넷 상의 자료들이 있다. Wikipedia, "Rodney William Stark" from https://en.wikipedia.org/wiki/Rodney_Stark, 2015년 6월 30일 접속; Baylor University, "Rodney William Stark" from http://www.baylorisr.org/about-isr/distinguished-professors/rodney-stark, 2015년 6월 30일 접속; Encyclopia.com, "Stark, Rodney 1934-" from http://www.encyclopedia.com/article-1G2-2507100129/stark-rodney-1934-rodney.html, 2015년 6월 30일 접속; Baylor Magazine, "Big Idea" from http://www.

1985년의 한 증언에서 "자신의 특별 전공 영역이 무엇인가?"라는 질문에 스타크는 종교사회학(the sociology of religion)이며 그중에서도 특별히 지난 세기의 종교운동들에 많은 관심을 기울이고 있다고 대답하였다. 계속되는 대화 속에서 그는 특정한 종교 그룹이 아니라 종교사회학의 주요 주제들인 종교 운동들의 본성, 전도방법, 종교운동의 형성, 성장, 분리, 종교단체들의 승자와 패자 등에 특별히 관심을 두고 있다고 밝혔다. 평생 이러한 주제들을 연구하고 있는 그는 국제적인 종교사회학자들의 모임인 종교사회학회(the Association for the Sociology of Religion)에서 회장(1982-1983)으로 그 모임을 이끌기도 했다. 이러한 종교사회학자로서의 업적은 그의 대학원 시절부터 시작되었다.[2]

## II. 학업과 동료

### 1. 첫 번째 시기(1965-71)

찰스 글록(Charles Y. Glock, 1919- )

스타크의 학업과 연구에 있어서 동료들과의 관계는 대략 네 가지 시기로 나누어 볼 수 있다. 첫 번째는 대학원 시기다(1965-1971).

---

baylor.edu/alumni/magazine/0205/news.php?action=story&story=7729, 2015년 6월 30일 접속; Armand L. Mauss, "Rodney Stark: The Berkeley Years, *Journal For The Scientific Study of Religion* 29, no. 3 (S 1990): 362-66.

2) Contending for the Faith, "The Experts Speak-Rodney Stark, Ph.D.," from http://www.contendingforthefaith.org/libel-litigations/god-men/experts/stark.html, 1-10, 2015년 6월 30일 접속.

주로 지도교수였던 찰스 글록과 함께 한 시기로, 글록은 뉴욕대학교(New York University)와 보스톤대학원(Boston University)에서 마케팅을 전공하고 콜롬비아대학교(Columbia University)에서 사회학 전공으로 학위를 받은 후 스타크가 공부하였던 버클리의 캘리포니아대학교에서 사회학 교수로 재직하였다.

글록 교수는 종교의 헌신도를 측정하는 '종교적 헌신의 특성을 알아보기 위한 다섯 차원의 측정방법'(five-dimensional scheme of religious commitment)을 만든 학자로 유명하였다. 이 방법은 신앙, 지식, 개인적인 경험, 실천(개인적인 혹은 공적인 의식), 사회도덕적 결과들(sociomoral consequences)의 다섯 가지 기준들인데 주로 설문조사 연구방법을 통해 개인이나 단체의 종교적인 헌신도를 측정하는데 사용되었다.[3] 스타크와 글록은 공동 연구를 통해 미국의 사회통합과 사회변화를 증진시키는 일에 새로운 교단주의와 종교의 역할이 중요하다는 사실을 강조하였다.[4]

이 시기 동안 스타크와 글록은 네 권의 책을 공동 집필하였다 : 《긴

---

[3] Wikipedia, "Charles Y. Glock" from https://en.wikipedia.org/wiki/Charles_Y._Glock, 2015년 6월 30일 접속.

[4] Encyclopedia of Religion and Society, "Stark, Rodney," from http://hirr.hartsem.edu/ency/StarkR.htm, 2015년 6월 30일 접속.

장관계 속의 종교와 사회》(*Religion and Society in Tension*, Rand McNally, Chicago, IL, 1965);《기독교 신앙과 반셈족주의》(*Christian Beliefs and Anti-Semitism*, Harper, New York, NY, 1966),《종교적인 헌신의 유형들 I: 미국의 경건》(*Patterns of Religious Commitment 1: American Piety: The Nature of Religious Commitment*, University of California Press, Berkeley, CA, 1968), 글록, 포스터 (Bruce D. Foster), 퀸리(Harold E Quinley)와 함께《고집불통의 목회자들: 편견과 개신교 목사들》(*Wayward Shepherds: Prejudice and the Protestant Clergy*, Harper, New York, NY, 1971). 그 이후 글록과《북캘리포니아 교회 회원 연구》(*The Northern California Church Member Study*, Inter-University Consortium for Political and Social Research, University of Michigan [Ann Arbor, MI])을 공동 집필하였다.

존 로프랜드(John Lofland, 1936- )

스타크가 학업을 진행하는 동안 대학원생으로 친밀하게 교제했으며 스타크로 하여금 신흥종교에 관심을 갖게 하였던 존 로프랜드 또한 중요한 동료였다.

로프랜드는 통일교 연구로 같은 대학에서 박사 학위(1970)를 받고 데이비스(Davis)에 위치한 캘리포니아대학 사회학교수를 역임한 학자로, 종교적인 개종 과정에 대한 연구와 새로운 종교운동에 사회학적 연구방법을 첫 번째로 적용시킨 유명한 학자이다.[5] 대학원 시절 스타크와 로프랜드는 샌프란시스코의 한 종교단체를 방문하여 그곳에서 2년 동안 함께 머물면서 실제적으로 사람들이 새로운 종교에 어떻게 가입하게 되는지를 연구하였다. '로프랜드-스타크 회심이론' (the Lofland-Stark Model of Conversion)으로 알려진 이 이론은 태어나면서 전통적인 신앙을 가지고 있는 신앙인들이 어떻게 일탈적인 종교(a deviant religion)로 개종(conversion)하게 되는지를 설명하는 데 기초가 되었다. 이 이론은 새로운 종교체계로 이동하는 현상을 설명하려는 것이었다. 실례로 유대교에서 기독교로 개종한 사도 바울이 이 경우에 해당되었다. 이 연구는 1965년 〈미국사회학 리뷰〉(*American Sociological Review*)지에 "Becoming a World-Saver: A Theory of Conversion to a Deviant Perspective"라는 제목으로 기고되었다.[6] 그리고 이것은 이후 스타크의 주요 이론 중 하나인 분파-교회의 이론(Sect-Church Theory)으로 정립된다(제2장의 내용).

## 2. 두 번째 시기(1970년대 후반-1980년대 중반)

윌리엄 베인브리지(William Sims Bainbridge, 1940- )

두 번째 시기는 주로 1970년대 후반부터 1980년대 중반까지 종교

---

[5] Wikipedia, "John Lofland" from https://en.wikipedia.org/wiki/John_Lofland_(sociologist), 2015년 6월 30일 접속.
[6] Contending for the Faith, "The Experts Speak-Rodney Stark, Ph.D.," 3-4.

의 사회적 교환이론(social exchange theory)을 바탕으로 공동연구를 진행하였던 윌리엄 베인브리지 교수이다.

하버드대학교에서 종교적인 이교들(religious cults)에 대한 사회학 연구로 학위를 받은 학자로, 스타크는 베인브리지 교수와 함께 25편의 논문과 중요한 저술인《종교의 미래: 세속화, 부흥, 그리고 이교 형성》(The Future of Religion: Secularization, Revival, and Cult Formation, 1985),《종교론》(A Theory of Religion, 1987),《종교, 일탈, 그리고 사회 통제》(Religion, Deviance, and Social Control, 1996)을 공동 저술하였다.《종교의 미래: 세속화, 부흥, 그리고 이교 형성》은 종교과학협회(the Society for the Scientific Study of Religion)로부터 1986년 그 해의 훌륭한 책으로 선정되었고,《종교론》은 태평양사회학협회(the Pacific Sociological Association)로부터 1993년 올해의 "탁월한 학문적 업적" 상을 받는 영예를 얻었다.

'스타크‒베인브리지 종교이론'(the Stark-Bainbridge theory of religion)으로 알려진 내용을 토대로 이 두 학자는 현세적인 보상(rewards)과 내세적인 보상(compensators)의 관점에서 종교적인 헌신을 설명하였다. 이들은 회심이나 다른 종교로의 개종이 친구나 친족관계와 같은 친밀한 관계에서 자주 일어나며, 더욱 많은 종교적인 헌신을 요구하는 단체(헌신 대비 만족이 주어지는)로 이동하는 경향이 있다고 주장하였다. 또한 이들은 사회에서의 종교 역할을 주목하고 사회, 문화, 과학 등이 발전할수록 종교의 세속화가 심화된다는 전통적인 세속화이론을 비판하고 오히려 종교가 더욱 번창하며 이 과정에서 사람들은 종교를 합리적으로 선택한다는 새로운 학설을 제기하였다. 종교를 연구하는 과정에서 종교 시장에 경제원리(교환이론)를 적용하여 설명하려는 이들의 시도는 많은 학자들(Laurence Iannaccone 등)에게 영향을 끼친다.[7] 이 이론은 후에 스타크의 합리적 종교 선택이론(Rational Choice Theories of Religion)으로 정립된다(제3장의 내용)

## 3. 세 번째 시기(1990년대 중반 - 현재)

로저 핑크(Roger Finke)

세 번째 시기는 1990년대 중반부터 현재까지 공동연구를 하고 있는 핑크 교수이다.

---

7) Wikipedia, "William Sims Bainbridge," from https://en.wikipedia.org/ wiki/William_Sims_Bainbridge, 2015년 6월 30일 접속.

그는 스타크 교수 밑에서 박사학위(워싱톤대학교, 1984)를 취득하고 현재 펜실베니아 주립대학교(The Pennsylvania State University) 사회학과 종교학 석좌교수이며, 종교자료기록보관소협회(the Association of Religion Data Archives, 전신은 the American Religion Data Archive로 핑크가 설립자)의 디렉터, 종교사회학협회(the Association of the Sociology of Religion) 의장, 베일러대학교 종교연구기관(Institute for Studies of Religion) 연구교수, 종교사회학회 회장(2015)으로 봉직하고 있다.

핑크는 스타크와 함께 《미국종교시장에서의 승자와 패자》(*The Churching of America, 1776-2005: Winners and Losers in Our Religious Economy*, 2005; 초판 제목은 *The Churching of America, 1776-1990*였으나 2005년도에 개정판이 나왔다)와 《신앙행전》(*Acts of Faith: Explaining the Human Side of Religion*, 2000)을 공동 저술하였다.

《미국종교시장에서의 승자와 패자》는 종교과학협회로부터 1993년 최고의 책(Distinguished Book Award)으로 선정되었고 《신앙행전》은 2001년 미국사회학회의 종교사회학 분야의 올해의 책(Book Award)으로 선정되는 영예를 차지하였다. 이들의 공동 연구는 종교사회학분야에 합리적 종교 선택이론으로 알려진 새로운 패러다임을 제공하고 교회의 회원 수에 대한 역사적인 자료들을 바탕으로 미국 교회사를 수량적으로 접근하여 분석, 평가하는 새로운 시도로 평가 받고 있다. 이 시도는 각 교단들을 종교시장에서의 경쟁자들로 개념화하여 승자와 패자로 설명한 것으로 미국 종교사를 전면적으로 재검토한 것으로 평가받고 있다.[8] 이 이론은 스타크의 교회사 연구에

---

8) Wikipedia, "Roger Finke" from https://en.wikipedia.org/wiki/Roger_Finke, 2015년 6월 30일 접속.

있어서 근대와 현대에 해당하는 시기로 미국종교시장에서 승자와 패자를 범주로 하여 미국에서 성장하는 교단과 실패하는 교단들의 원인, 과정, 결과를 분석하여 서술하였다(제6장의 내용).

## 4. 네 번 째시기(2004년 베일러대학교 - 현재까지)

네 번째 시기는 베일러대학교에 정착한 이후이다. 스타크는《하나의 미국》(One America, 2005)의 제1장 "사실, 우화, 다윈" 편에서 다윈의 가설은 확실한 진리가 아닌 하나의 부정확한 가설에 불과하며 따라서 정부는 고등학교 교과서에서 이러한 사실을 명시할 것을 주장하였다. 이후에 몰몬교의 성공의 이유(《몰몬교의 발흥》 The Rise of Mormonism, 2005 제7장의 내용), 어떻게 기독교가 자유, 자본주의, 그리고 서양의 성공을 가져왔는지(《이성의 승리》 The Victory of Reason, 2005 제5장의 내용), 어떻게 기독교가 도시의 운동이 되었고 로마를 정복하게 되었는지(《하나님의 도성》 Cities of God, 2006 제4장의 내용), 미국 사람들의 신앙관 연구(《미국인들은 실제로 무엇을 믿는가》 What Americans Really Believe, 2008), 십자군 전쟁 연구(《하나님의 군대》 God's Battalions, 2009), 어떻게 예수운동이 세계의 가장 큰 종교가 되었는지(《기독교의 승리》 The Triumph of Christianity, 2011), 어떻게 종교가 무신론자들을 포함하여 모든 사람들을 유익하게 했는지(《미국의 축복》 America's Blessing, 2012), 어떻게 서양이 근대에 승리할 수 있었는지(《어떻게 서양은 승리하였는가》 How The West Won, 2014), 증오와 테러에 대한 세계적인 평가(《종교적 증오》 Religious Hostility, 2014), 중국에서의 기독교의 부흥(《동방의 별》 A Star in the East, 2015) 등의 저서를 출판하였다.

본 책의 순서는 다음과 같다. 먼저 제2장에서는 스타크의 주요이론인 분파-교회의 이론을, 제3장에서는 합리적 종교 선택이론을, 제4장에서는 교회사의 초대 시기에 해당하는 초대 기독교 공동체의 성공의 이유를, 제5장에서는 중세와 근대 초에 해당하는 과학, 산업화, 자본주의 발전에 대한 기독교의 공헌을, 제6장에서는 근대와 현대에 해당하는 미국교회사에 있어서의 성공한 교단들과 실패한 교단들에 대한 분석을, 그리고 제7장에서는 최근의 현상인 20세기 종교사에 새롭고도 놀라운 현상으로 등장한 몰몬교운동을 다룰 것이다. 즉, 2-3장은 스타크의 두 가지 주요 이론을, 4-7장은 교회사의 각 시기에 해당하는 주제들을 다룰 것이다.

## III. 연구 업적

*Christian Beliefs and anti-Semitism* (1966) Charles Y. Glock 공동 저서.

*American Piety* (1968) Charles Y. Glock 공동 저서.

*The Future of Religion: Secularization, Revival, and Cult formation* (1985), William Sims Bainbridge 공동 저서.

*Sociology* (1985) an introductory college sociology text that has been through ten editions as of 2007. 10판: (2006).

*A Theory of Religion* (1987), William Sims Bainbridge 공동 저서.

*Religion, Deviance, and Social Control* (1996), William Sims Bainbridge 공동 저서.

*The Churching of America 1776-1992: Winners and Losers in Our Religious Economy* (1992), Roger Finke 공동 저서; 재판 under name *The Churching of America 1776-2005: Winners and Losers in Our*

*Religious Economy* (2005); 《미국종교시장에서의 승자와 패자》 김태식 역, 서로사랑, 2009.

*The Rise of Christianity: A Sociologist Reconsiders History* (1996).

*Acts of Faith: Explaining the Human Side of Religion* (2000), Roger Finke 공동 저서.

*One True God: Historical Consequences of Monotheism* (2001).

*For the Glory of God: How Monotheism Led to Reformations, Science, Witch-Hunts, and the End of Slavery* (2003).

*Exploring the Religious Life* (2004).

*The Victory of Reason: How Christianity Led to Freedom, Capitalism, and Western Success* (2005).

*The Rise of Mormonism* (2005).

*Cities of God: The Real Story of How Christianity Became an Urban Movement and Conquered Rome* (2006).

*Discovering God: A New Look at the Origins of the Great Religions* (2007).

*God's Battalions: The Case for the Crusades* (2009).

*The Triumph of Christianity: How the Jesus Movement Became the World's Largest Religion* (2011).

*How the West Won: The Neglected Story of the Triumph of Modernity* (2014).

## VI. 주요 논문

John Lofland and Rodney Stark. *Becoming a World-Saver: A Theory of Conversion to a Deviant Perspective American Sociological Review of 1965*. (an early and influential conversion theory based on field work among Unification Church members)[11].

"A Taxonomy of Religious Experience" in *The Journal for the Scientific Study of Religion,* 1965.

Rodney Stark and William Sims Bainbridge (1979) "Of Churches, Sects, and Cults: Preliminary Concepts for a Theory of Religious Movements" Journal for the Scientific Study of Religion 18, no 2: 117-33.

Rodney Stark. "On Theory-Driven Methods." pp. 175-196 in The Craft of Religious Studies, edited by Jon R. Stone. New York: St. Martin's Press, 1998.

Stark, R., "Fact, Fable and Darwin" in One America, September 2004; Part 1 in [1] and Part 2 [2], as printed in Meridian Magazine, 2005.

# 제 2 장
# 교회(Church), 분파(Sect), 이교(Cult)
### 기독교의 사회적 형태에 대한 종교사회학적 이해

유타 주의 한 종교단체 가족

"종교운동들의 본성은 무엇인가? 어떻게 그들은 전도하는가? 어떻게 그들은 그룹을 형성하는가? 어떻게 그들은 성장하는가? 무엇이 승자들과 패자들을 구분 짓는가? 그러한 것들이 종교사회학의 주제가 될 수 있을 것이다."

'종교사회학의 영역이 무엇인가'에 대한 스타크의 답변 중에서

"종교는 우주에 대한 직관과 감정이다. 그것은 형이상학과 도덕에 병행하는, 본질적이고 필연적인 제3의 인간정신이다."

F. D. E. 슐라이어마허, 《종교론》 중에서

"인간의 삶을 위해 단연 가장 중요한 패턴들은 생존의 목적, 실재의 성격, 세계의 장래, 우리의 운명을 결정하는 존재자 또는 힘들의 성격, 그리고 그것들에 우리가 어떻게 대처 할 수 있는가를 설명하는 가장 큰 패턴들이다. 이 가장 큰 의미의 패턴들이 종교의 주제인 것이다."

D. M. 켈리, 《왜 보수주의 교회는 성장하는가》 중에서

## I. 종교사회학의 시작과 교회

### 1. 종교사회학의 시작[1]

막스 베버(Max Weber, 1864-1920), 칼 마르크스(Karl Marx, 1818-1883)와 함께 고전 사회학의 기초를 놓은 프랑스 사회학자 에밀 뒤르케임(Émile Durkheim, 1858-1917)은 1912년 《종교생활의 원초적 형태》(*Elementary Forms of Religious Life*)에서, 종교는 "사회적 산물" 혹은 "사회집단의 행동 양식"이라고 주장하였다. 종교를 하나의 사회적 형태 혹은 어느 집단이 행하는 일종의 사회적 행동 양식으로 간주하는 것으로, 이러한 분야는 후에 종교사회학(sociology of religion)이 되었고 결국 사회학의 한 분야로 자리잡게 되었다.

에밀 뒤르케임　　칼 마르크스　　막스 베버　　라인홀드 니버

---

1) 현대 종교사회학의 간략한 역사와 변화에 대해서 종교학자의 입장에서 최근에 정리한 김성건 교수의 "현대 종교사회학의 전개와 새로운 패러다임"을 참조하라. 김성건, 제1장 현대 종교사회학의 전개와 새로운 패러다임, 4-43, 《21세기 종교사회학》(서울: 다산출판사, 2014).

먼저 뒤르케임은 종교는 신이나 영에 대한 관념 이상의 것으로 한 사회 집단 자체에 대한 그 구성원들의 '개념', '표현', '의식'이라고 주장하였다. 이 견해에 따르면 종교는 신적인 측면에서가 아니라 인간이나 그 인간이 속해 있는 사회의 산물이라는 것이다. 이러한 주장은 29살에 베를린대학교 정교수가 되었고 기독교 뿐만 아니라 모든 종교를 동일선상에서 그 시작, 발전, 성숙의 관점에서 연구하였던 언스트 트뢸치(Ernst Troeltsch, 1865-1923), 라인홀드 니버의 동생으로 예일대학교 교수였던 리차드 니버(H. Richard Niebuhr, 1894-1962)와 그 이후의 사회학자들에게 영향을 주었다.

뒤르케임의 영향을 받은 학자들 또한 종교를 '개인들'과 '사회적인 형태들' 가운데 하나로 보고 그 종교 기관들 사이에 발생하는 상호작용들을 연구하였는데, 이 분야가 종교사회학으로 발전하게 되다.[2] 그러므로 종교사회학의 연구 대상은 "그 종교가 속해 있는 환경(혹은 사회) 안에서의 종교 연구"이기 때문에, 같은 이론들과 방법들을 경제, 정치, 다른 사회 현상들에 적용시키는 일반사회학과 전혀 다르지 않다는 주장이 제기된다.[3]

종교사회학자들은 주요 연구 주제인 '개인들'과 물질적인 요소들과 비물질적인 요소들을 포함하는 '사회적인 형태들' 간에는 상호 밀

---

2) Émile Durkheim, 《종교생활의 원초적 형태》, 노치준, 민혜숙 역(서울: 민영사, 1992), 32, 66.

3) Inger Furseth and Pal Repstad, *An Introduction to the Sociology of Religion: Classical and Contemporary* (Burlington, VT: Ashgate Publishing Company, 2007), 5. 종교사회학의 방법론과 내용에 대해서는 다음의 책이 도움이 된다. Keith A. Roberts, *Religion in Sociological Perspective* (Belmont, CA: Thomson and Wadsworth, 2004); Kevin J. Christiano, William H. Swatos, Jr., and Peter Kivisto, *Sociology of Religion: Contemporary Development* (New York: Rowman & Littlefield Publishers, INC., 2008).

접한 관련이 있다고 주장한다. 왜냐하면 개인들은 사회 형태에 영향을 끼치며, 반대로 보이지 않는 사회 형태들이 개인들에게 영향을 끼치고 있다고 보았기 때문이다. 이러한 사실로부터 영향력이라는 측면에서 개인이 먼저인가 아니면 사회가 먼저인가에 대한 논란이 시작되었다. 일반적으로 사회학자들은 개인들이 사회를 창조하는 것을 '아래로부터'(from below)의 사회학으로, 사회가 개인들을 형성하는 것을 '위로부터'(from above)의 사회학으로 구분하고, 사회적인 조건에 있어서 개인이나 사회 가운데 어느 것이 보다 기본적이고 중요한가를 두고 논쟁을 벌였다.

마르크스의 사회학은 개인들의 경제적인 조건들이 종교를 발전시켰다(종교는 계급투쟁의 산물)는 '아래로부터'의 사회학을, 이에 반해 베버는 종교 그 자체가 그 주어진 역사적인 환경 안에서 경제적인 발전들을 결정할 수 있다고 주장하는 '위로부터'의 사회학을 대표하였다.[4] 이러한 상반되는 두 입장은 이후의 종교사회학자들 사이에 지속되어, 사회적인 형태들 가운데 대표적인 교회와 그 교회가 처해있는 환경 사이의 관계 문제가 종교사회학자들의 중심 주제가 되었다.

종교사회학자들은 사회적인 형태들 가운데 하나인 종교기관의 구조를 연구하게 되었고, 이들은 종교기관의 구조를 교회와 분파로 나누어 설명하게 된다. 교회-분파(church-sect)에 대한 연구는 먼저 독일에서 베버에 의해 시작(1904-1905년 경)되었고 그의 제자인 트뢸치에 의해 '트뢸치 신드롬'(Troeltschian Syndrome)이라는 신조어가 생길만큼 큰 관심을 끌었다. 이 이론이 1920년대에 미국에 소개되어 1929년 니버에 의해 더욱 유명해졌고 1932년 하워드 베커(Howard Becker) 등이 계속 발전시켰다.[5]

---

4) *Furseth and Repstad*, 4.

먼저 베버는 종교기관을 분파(sect) 형태와 교회(church) 형태로 나누었다. 모든 것들을 갖춘 하나의 단체인 교회와 달리 분파는 종교적인 성향을 가지고 있는 공동체로 여겼다. 그는 기독교 역사상 최초의 분파를 '도나투스트주의자'들로 보았다. 이에 반해 트뢸치는 교회의 가르침이 어떻게 사회에 영향력을 끼치는 가에 관심을 두었고, 종교기관을 순수성을 간직한 분파 유형, 그 사회(환경)에 대한 교회의 영향력을 증대하기 위하여 사회와 타협하게 되는 교회 유형, 그리고 신비주의적인 유형으로 나누어 설명하였다.[6] 니버는 위의 세 가지 유형들을 종교운동과 그 환경 사이의 긴장(tension) 정도에 따라 긴장 정도가 높을수록 분파 유형으로, 이것이 낮을수록 교회(교단) 유형으로 발전시켰다.[7] 위에서 언급한 베버, 트뢸치, 니버는 새로운 종교가 항상 분파로 시작하여 교회화된다는 점에서는 모두 일치하였다.

그러나 분파에서 시작하여 교회화된다는 위의 이론들은 스타크에 의해 도전받게 된다. 1960년대 이후 미국의 저명한 종교사회학자로 그리고 1990년대부터 기독교의 역사적인 자료들을 주로 연구하고 있는 스타크는 항상 이 분야에서 '논란을 불러일으키는 학자,' 연구하

---

5) William H. Swatos. Jr., "Weber or Troeltsch?: Methodology, Syndrome, and the Development of Church-Sect Theory," *Journal for the Scientific Study of Religion* 15, no. 2 (1976): 129-44.

6) James E. Dittes, "Typing the Typologies: Some Parallels in the Career of Church-Sect and Extrinsic-Intrinsic, *Journal for Scientific Study of Religion* 10, no. 4 (W 1971): 375-83.

7) 긴장이란 "그 개인을 둘러싸고 있는 사회문화적인 환경에서의 모순의 조건"이다. Stark and Bainbridge, *A Theory of Religion* (New York: Peter Lang, 1987), 202. 스타크는 또 다른 곳에서는 긴장을 "하나의 종교적인 그룹과 그 외부의 세계 사이에 독특성, 분리, 대립의 정도"로 정의한다. Roger Finke and Rodney Stark, "The New Holy Clubs: Testing Church-to Sect Propositions, *Sociology of Religion* 62, no. 2 (S 2001): 176.

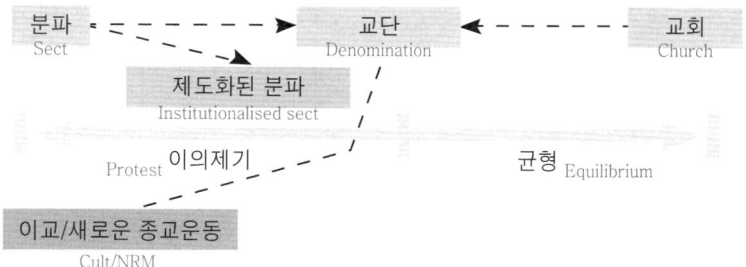

http://commons.wikimedia.org

는 방식에 '혁명'을 가져온 학자,' '독창적,' '도발적'인 학자로 평가 받고 있다.[8] 이 분야에서 스타크의 주요 공헌은 경험론에 기초를 둔 논리적-연역적인 이론에 근거하여 "분파-교회 과정"(sect-church process)을 밝힌 것과 "종교의 합리적 선택이론"(Rational Choice Theories of Religion)을 종교사회학에 접목시킨 점이다.[9]

---

8) Darrell Turner, "Book Review on The Discovering God: The Origins of The Great Religions and The Evolution of Belief," *National Catholic Report* (April 16, 2008): 18; Rosaire Langlois, "Internal Proletariants and Ancient Religions: History Reconsiders Rodney Stark, *Method & Theory in the Study of Religion* 11 no. 3 (1993): 299-324.

9) George M. Thomas, "The Past, Present, and Future of Religion: Themes in the Work of Rodney Stark, *Journal for the Scientific Study of Religion* 29, no. 3 (S 1990): 361-86(361); Russel T. McCutcheon, "A Symposium On Rodney Stark's The Rise of Christianity," *Religious Studies Review* 25, no. 2(April 1999): 127. 종교에서의 합리성을 다룬 스타크의 대표적인 책으로는 Rodney Stark and Roger Finke, *Acts of Faith: Explaining the Human Side of Religion* (California: University of California Press, 2000); Rodney Stark, *For the Glory of God: How Monotheism Led to Reformations, Science, Witch-Hunts, and the End of Slavery* (New Jersey: Princeton University Press, 2003); Rodney Stark, *The Rise of Christianity: How the Obscure, Marginal Jesus Movement Become the Dominant Religious Force in the Western World in a Few Cen-

전자는 교회와 환경(문화 혹은 세상)과의 긴장 정도에 따라 분파가 세속화의 과정을 겪게 되어 결국 교회로 변하게 된다는 이론이다. 후자는 종교 경제(religious economy)라고 불리는 합리적 선택이론을 종교에 적용시킨 이론으로, 사람들은 최소의 비용으로 최대한의 결과를 기대하는 경제학적인 개념을 종교에 적용하여 종교(혹은 교단)를 선택한다는 것이다. 따라서 종교가 제공하는 신앙의 내용들이 만족스럽지 못하게 될 때, 그 종교는 종교시장에서 버림받아 사라지게 되어 새로운 분파들이 계속 생겨난다는 이론이다. 스타크는 니버의 이론에서는 하나의 분파가 어떻게 교회가 되는지에 대한 설명이 결여되어 있다고 비판하고 이 과정을 상세히 설명한다.

## II. 스타크 이전의 교회, 분파 이론

### 1. 베버(Maximilian Carl Emil Weber, 1864-1920)

종교사회학자들은 교회를 하나의 사회기관으로 보고 그 기관들과 사회(문화)와의 상호연관성을 다루고 있다. 베버는 기독교와 기독교가 아닌 다른 종교들을 사회학적으로 분석하면서 "종교사회학"(Religionssoziologie)이라는 용어를 처음으로 만들어 내면서 종교사회학이라는 학문 분야의 기초를 다진 인물로 평가 받고 있다. 베버의 주요 관심사는 근대 자본주의와 서양의 합리주의(rationalism)에 끼친 종교의 영향이었다.[10]

---

turies (New York: HarperCollins Publishers, 1996); Roger Finke and Rodney Stark, 《미국종교시장에서의 승자와 패자》 등이 있다.

10) 베버가 다룬 주제들에 대한 개괄적인 설명은 베버의 *The Sociology of Religion*

베버는 자신의 주저인 《개신교 윤리와 자본주의 정신》(*The Protestant Ethic and the Spirit of Capitalism*, 1904-1905)과 《종교 사회학》(*The Sociology of Religion*, 1922)에서 역사의 과정 속에서 물질적인 측면들을 강조했던 마르크스주의를 비판하고 근대세계를 역사적-사회학적으로 해석한다. 베버는 집단적으로 어떤 종교적인 특성들을 가지고 있는 종교 공동체를 일종의 사회(society)라기보다는 그 사회 내에 존재하는 종교적으로 특별한 하위 그룹들(sub-cultures)로 여기고, 그 종교 공동체를 구조에 따라 '분파' 혹은 '교회'로 구분하며, 기독교의 윤리는 루터와 칼빈의 신앙 원리인 검소, 절약, 금욕주의를 통해 북유럽 사회에서 자본주의를 초래했다고 주장하였다.[11] 이러한 과정에서 베버는 종교단체를 처음으로 교회와 분파로 구분하였다.

트뢸치와 함께 베버의 주요 관심사는 "왜 관료주의적으로(국가의 후원 하에) 설립된 교회들이 자주 분열되는가?" 하는 것이었다. 베버에 따르면, 먼저 교회는 "관료정치화된 구조 속에서 정형화된 기관"이며 분파는 "카리스마가 있는 지도자에 의해 인도되는 조그마한 단체"이다. 교회의 특성은 관료주의적이며 그 구성원들은 단지 예배에 참석하기만 하면 회원이 될 수 있는 열린 구조이지만, 분파는 민주주의적이며 그 회원이 되는 자격은 여러 가지 엄격한 검토를 통해 가능한 구조이다.[12] 그렇지만 교회와 분파에 대한 구분을 그 구조의 특성

---

의 영역자인 피셔프(Ephraim Fischoff)의 서론과 또 다른 파슨(Talcott Parsons)의 서론을 참조할 것. *Ephraim Fischoff and Talcott Parsons in Preface of Max Weber's The Sociology of Religion* (Boston: Beacon Press, 1963), ix-lxvii.

11) Max Weber, 《프로테스탄티즘의 윤리와 자본주의 정신》, 박성수 역(서울: 문예출판사, 2006).

12) John A. Coleman, "Church-Sect Typology and Organizational Precarious-

에 따라 구분한 베버를 반대하고 종교의 세속화의 정도에 따라 구분해야 한다는 보다 진일보한 주장이 트뢸치에 의해 제기되었다.

## 2. 트뢸치(Ernst Troeltsch, 1865-1923)

트뢸치는 《기독교회의 사회적 가르침》(*The Social Teaching of the Christian Churches*, 1912)에서 종교의 세속화 정도에 따라 교회와 분파로 구분하였다.[13] 트뢸치의 주장을 좀 더 자세히 설명하면, 교회의 특성은 "아주 보수적"이며 "예배(Missa)들을 집행"하고 원리상 인간의 모든 삶을 담당(cover)하려는 욕구를 가진 보편적인 단체이다. 이에 반해 분파는 비교적 작은 그룹으로 "개인의 내적 완전성"과 그 안의 구성원들 사이에서 "직접적이며 개인적인 교제"를 추구하는 단체이다. 교회는 그 기관이 속한 사회의 중요한 윤리적 혹은 종교적인 가치들과 타협함으로써 사회와 일시적으로 화해하지만, 분파는 그 사회를 지배하는 가치들을 거부하고 세상과 국가, 사회에 대해 부정적인 태도를 취하게 된다. 하지만 이 두 단체들이 처하게 되는 실제적인 상황과 사회를 발달시키는 과정에서는 상호 밀접한 관계가 있다고 보았다. 하지만 보다 확실히 구별되는 것은 완전히 발달된 교회는 국가와 지배 계층의 사람들을 이용하여 자신들의 이득을 취하고 그 사회의 핵심이 되는 특권을 누리는데 반해 분파는 더욱 낮은 사회 계층들과 연결되어 국가와 사회에 대해 부정적이게 된다는 점

---

ness," *Sociological Analysis* 29, no. 2 (S 1968): 55-66.
13) 김주한 교수는 "종교개혁은 교파분열의 발단인가?"라는 종교개혁기의 교단 분열을 다룬 논문에서 트뢸치의 교회, 분파의 특성을 간략하게 정리한 바 있다. 김주한, "종교개혁은 교파 분열의 발단인가?,"〈한국교회사학회〉 28집(2011): 205.

이다.[14]

트뢸치에 따르면, 교회는 종교적인 진리와 그 권세들을 객관적으로 소유하고 있다는 것을 강조하고, 세상과 국가, 사회를 긍정적으로 수용하며, 전통, 사제 직분, 성례전과 같은 의식들을 강조한다. 따라서 세상, 국가, 사회와의 타협을 피할 수 없게 되고 결과적으로 기독교의 본래 정신과 멀어지게 된다. 이러한 결과, 종교 지도자들이 아닌 평신도 중심, 윤리와 종교에 있어서의 개인적인 성취, 사랑, 종교적인 평등과 형제애, 국가나 지배 계급에 대한 무관심, 청빈과 절약하는 삶을 통해 경제적인 투쟁을 벗어나 종교적인 삶을 살기 원하는 새로운 분파들이 탄생하게 된다고 트뢸치는 주장했다.[15]

### 3. 니버(Karl Paul Reinhold Niebuhr, 1892-1971)

니버의 특별한 공헌은 "어떻게 분파가 교회로 발전하는가?"에 대한 가설을 발전시킨 점이었다. 《교파주의의 사회적 원천들》(*The Social Sources of Denominationalism*, 1929)에서 니버는 교회와 분파의 특성 그리고 분파가 어떻게 교회화 되는지를 설명했다. 그의 설명에 따르면, 분파는 그 그룹이 속해 있는 사회와 높은 긴장 정도를 유지하고 지도자의 카리스마에 기초한 그룹이나 반대로 교회는 그 사회와 보다 낮은 긴장 정도를 유지하며 종교와 그 사회의 기득권을 유지해 나가는 단체이다. 니버는 특별히 분파 형태의 그룹이 새로운 신입 회원을 받아들이거나 구성원의 자녀들을 가입시킬 때 그 폐쇄성으로 인해 어려움에 직면하게 된다고 지적하였다. 이 분파 형태의

---

14) Ernst Troeltsch, *The Social Teaching of the Christian Churches* vol. 1 (Louisville, KY: Westminster/ John Knox Press, 1992), 331-3.
15) Ibid., 335-6.

그룹은 이러한 폐쇄성으로 세대가 계속됨에 따라 분파 고유의 특성들을 버리고 교회가 되거나 사라지게 된다.[16]

이처럼 분파와 교회의 상이한 사회적인 계층과 추구하는 목적들이 다름에 따라, 결과적으로 복음을 쉽게 이해하고 받아들인 사람들은 사회의 기득권층이 아니라 가난하고 비천한 하층민이 대부분이었다고 주장한 점에서는 트뢸치와 일치했다. 그러나 교회는 엘리트가 지배하게 됨에 따라 그 교회가 속해 있는 주변 사회와의 긴장 정도를 더욱 낮추기를 원하여, 그 사회의 가치들과 자신들의 신앙을 서로 '수위 조절'(accommodation) 혹은 '세속화'하는 과정을 밟게 된다. 이에 반해 보다 높은 긴장 정도를 원하는 낮은 계층의 사람들이 교회를 바꿀 수 없게 될 때, 새로운 분파를 형성하게 되어 항상 종교적인 단체는 분파에서 교회로 진행된다는 니버의 분파-교회 이론이 탄생하게 되었다.[17] 이러한 과정을 통해 니버는 지도자의 카리스마에 기초한 분파가 관료 정치화된 교회로 변화되어가는 과정을 설명하였다.

## III. 스타크의 교회, 분파, 이교 이론

### 1. 종교의 정의와 본성

위의 이론들(베버, 트뢸치, 니버)은 어떻게 종교적인 단체들이 높

---

16) H. Richard Niebuhr, *The Social Sources of Denominationalism* (New York: Henry Holt, 1929); Coleman, "Church-Sect Typology and Organizational Precariousness," 57-8.
17) Finke and Stark, "The New Holy Clubs," 175-176.

은 긴장 정도(분파)에서 낮은 긴장 정도(교회)로 나아가는지를 보여 주었지만, 어떤 조건 하에서 그리고 그 역으로 교회에서 분파로 역행하는 과정은 설명하지 못했다고 스타크는 비판했다. 스타크와 핑크는 《미국종교시장에서의 승자와 패자》와 논문 "The New Holy Clubs: Testing Church-to Sect Propositions"에서 종교시장에 가해진 외부의 규제가 철폐되고 교회가 지역 회중의 후원에 의존할 때, 그 종교단체는 완전히 종교시장에 의존하게 되고 생존을 위해 교인들에게 의존할 때, 역 현상(교회에서 분파로)이 일어난다. 이러한 역 현상의 결과, 다시 성장하는 교단들(교회들)이 있다고 주장한다.[18]

스타크의 교회, 분파, 이교의 이론을 다루고 있는 서적들은 크게 두 가지로 나누어 볼 수 있다. 위의 주제들에 대한 이론들을 집중적으로 다루고 있는 책으로는 배인브릿지와 공저한 《종교의 미래》(*The Future of Religion: Secularization, Revival and Cult Formation*, 1985)와 《종교론》(*A Theory of Religion*, 1987)이다. 반면에 《미국종교시장에서의 승자와 패자》를 비롯한 스타크의 많은 저서들과 논문들은 "합리적 종교 선택이론"과 함께 "교회-분파의 이론"이 어떻게 기독교 역사 속에서 적용되었는지를 각 시기별(고대, 중세, 종교개혁, 르네상스, 근대, 현대), 나라별(유럽, 특별히 미국), 주요 교단별(가톨릭, 성공회, 회중교회, 장로교, 감리교, 침례교, 오순절, 기타 이교들)로 설명하고 있다.[19]

---

18) 《미국종교시장에서의 승자와 패자》에서 저자들은 미국교회사에서 어떤 교단들이 분파에서 교회화 되었고 반대로 교회에서 새로운 분파가 어떻게 시작되었는지를 여러 가지 문서, 서적, 각종 통계 자료들을 가지고 분석하고 있다. 특히 이 책은 교회-분파의 이론을 기초로 미국교회사와 주요 교단들의 과거와 현재 그리고 미래를 이해하는 데에 유익한 자료들을 제공하고 있다.
19) Stark and Bainbridge, *The Future of Religion: Secularization, Revival and Cult Formation* (Berkeley and Los Angeles, Calif.: University of California

먼저 스타크는 종교에 대한 여러 학자들의 주장들을 비판한다. "종교는 일종의 계급 의식 혹은 인민의 아편"(마르크스주의), "종교는 억압받는 사람들의 운동"(엥겔스), "종교는 일종의 유아기의 희망 성취"(프로이드), "종교는 신앙의 대상이 아니라 제의가 종교의 핵심이며 하나님이나 신들이 아니라 사회가 경배의 대상"(뒤르케임)이라고 종교의 본질을 설명하고 있는 이론들은 정확하지 않다고 비판하고 오히려 종교는 초월적인 것 위에 기초한다고 주장한다. 스타크에 따르면, 이곳에서 초월적인 것이란 "자연적인 세력들을 중지시키거나, 변경시키거나, 무시할 수 있는 자연 너머 혹은 자연을 초월하는 세력들"(정의 21)을 의미한다.[20] 따라서 "초월적인 전제들 없이는 전혀 종교가 아니며…종교로서의 역할을 하지 않는다면, 더 이상 종교가 아니다"라고 주장하며 스타크는 종교의 본성, 역할, 그 내용을 설명해 나간다.[21]

먼저 종교의 본성에 대한 스타크의 이론을 설명하기에 앞서, 이들이 정의한 주요 개념들을 소개하는 것이 도움이 될 것이다. 이들은 먼저 신들을 "의식과 욕구의 속성들을 가지고 있는 초월적인 존재들"(정의 44)[22]로, 종교를 "초월적인 전제들에 기초한 보편적인 내세적 보상들의 체계"(정의 22)[23]로, 그리고 종교기관을 "초월적인 전제

---

Press, 1985); Stark and Bainbridge, *A Theory of Religion* (New York: Peter Lang, 1987).
20) Stark and Bainbridge, *A Theory of Religion*, 39.
21) Stark and Bainbridge, *The Future of Religion*, 3-10; Stark and Bainbridge, *A Theory of Religion*, 11. 위의 여러 학자들의 이론에 대한 비판에 대한 글은 Sara Miller의 "Why Monotheism Makes Sense Rational Choice," *Christian Century* 121, no. 12 (Je 15 2004): 30-6; William W. Mayrl, "Marx's Theory of Social Movements and the Church-Sect Typology, *Sociological Analysis* 37-1 (S 1976): 19-31을 참조할 것.
22) Stark and Bainbridge, *A Theory of Religion*, 82.

들에 기초한 보편적인 내세적 보상들을 창조하고, 유지하고, 교환하는 것이 주목적인 사회적인 단체"(정의 23)[24]로 정의한다. 이 정의 가운데 중요한 개념이 하나 등장한다. 바로 합리적 종교 선택이론으로, 사람들은 "본성상 종교시장에서 비용은 최소화하고 현세적 보상은 극대화하려고 이성적으로 행동하려는 경향"(명제 7)이 있다는 이론이다.[25]

하지만 종교에서 하나의 커다란 문제는 이 세상에서 누릴 수 있는 것과 저 세상에서만 가능한 것이 있어 모든 사람이 다 동일하게 누릴 수 없다는 점이다. 먼저 스타크는 종교를 가짐으로써 얻게 되는 보상의 종류를 구분한다. 그는 비용(혹은 희생)을 지불하여 이 세상에서 누릴 수 있는 것은 **현세적 보상**(rewards, 정의 3)으로, "얻기 원하는 현세적 보상을 직접적으로 획득할 수 없을 때 그것을 대치하는 일련의 신앙들과 행동 규범들," 즉 저 세상에서만 누릴 수 있는 것을 **내세적 보상**(compensators)으로 정의한다.[26] 이 내세적 보상은 차용증서(I Owe You, 나는 당신에게 빚을 갚겠습니다)와 같은 것으로 일종의 현세적 보상이 당장은 아니어도 미래에 틀림없이 주어질 것이라는 믿음이다. 영생 혹은 부활과 같은 믿음 혹은 희망(약속)이 현실에서 이루어지면, 그 시점에서 내세적 보상은 현세적 보상으로 간주될 수 있다고 말할 수 있다.[27] 이러한 희망을 가지고 신자들은 현실에서 불

---

23) Ibid., 39.
24) Stark and Bainbridge, *The Future of Religion*, 8; Stark and Bainbridge, *A Theory of Religion*, 42.
25) Stark and Bainbridge, *A Theory of Religion*, 32.
26) 스타크와 배인브릿지가 구별한 'rewards'와 'compensators'는 우리말에서는 한 단어로 그 의미를 모두 담기 어려워, 편의상 의미를 덧붙여 '현세적 보상'과 '내세적 보상'으로 번역하였음을 밝힌다. Stark and Bainbridge, *The Future of Religion*, 172; Stark and Bainbridge, *A Theory of Religion*, 27, 36-8.

공평하게 주어진 현세적 보상들을 극복하고 종교에 헌신하게 된다. 종합하면, 현세적 보상을 누리고 있는가 아니면 내세적 보상을 기다리고 있는가에 따라 종교단체들은 현세적 보상을 누리는 교회(church), 내세적 보상을 기다리는 분파(sect), 그리고 기독교의 신앙과 상당히 거리가 있는 이교(cult)로 나뉘어진다.

## 2. 교회, 분파, 이교의 속성

스타크는 종교를 내세적 보상뿐 아니라 현세적 보상들을 제공하는 기관으로 보고 이 두 보상들의 내용을 자세히 설명한다. 종교단체로부터 얻을 수 있는 현세적 보상에는 교회의 구성원이 되는 것, 예배에 참석하는 것, 아이들의 사회화, 좋은 성품의 사람들과의 교제, 여가 활동, 결혼의 기회, 사업관계와 같은 것들이 포함된다. 반면에 내세적 보상에 속하는 것들은 종교적인 교리에 정통하게 됨, 종교적인 체험, 기도, 개인적인 헌신, 도덕적인 우월감 같은 주로 눈에 보이지 않는 것들이다.[28] 하지만 사람들은 내세적 보상보다는 이 땅에서의 보상을 더 선호한다. 문제는 사회에서 보다 나은 위치에 있는 사람들은 현세적 보상을 독차지하는 반면, 현세적 보상을 가질 수 없는 힘 없는 사람들은 현세적 보상 대신 내세적 보상에 만족해야 하는 상황이 초래된다.

물론 이 세상에 존재하지 않는 내세적 보상에 속하는 것들은 가진 자나 그렇지 못한 자나 모두 동일하게 원하는 것들이며 종교기관들이 존재하는 원인이라는 사실을 스타크는 인정한다(이것은 종교의 보편적인 속성이라 불리는 것이다). 그는 하나의 종교기관을 교회,

---

27) Stark and Bainbridge, *A Theory of Religion*, 37.
28) Ibid., 46.

분파, 이교의 범주로 나누어 설명한다. 먼저 손으로 만질 수 있는 보상의 중요성을 인식하고 교회를 지배하는 힘을 가진 사람들이 모인 곳은 교회(church)로, 반대로 내세를 강조함으로써 현세에 당하는 고통을 완화시키는 것이 지배적인 단체는 분파(sect)로, 이와는 달리 전통적인 기독교 신앙과 전혀 다른 신앙체계를 가진 단체들은 이교(cult)로 정의된다.[29] 더욱 간단히 말하자면, 스타크는 이 세상을 강조하는 것(교회), 저 세상을 강조하는 것(분파), 영생과 부활과 같은 모든 종교에 공통적인 보편적인 차원(종교의 보편적인 속성), 전통적인 기독교와 전혀 다른 단체(이교)를 구분하며 교회 - 분파 - 이교의 개념을 먼저 정의한다. 다시 말해, 많은 새로운 종교단체들은 교회로부터 분열에 의해 생기며, 이 분열에 의해 생기는 것이 분파이다.

극단적인 교회 형태의 특징에 대해 부류어(Earl D. C. Brewer)는 약간 다른 방식인 내적 그리고 외적으로 나누어 설명한다. 먼저 내적으로 교회는 규모 면에서 크고 구성원들이 많으며, 은혜와 구원의 수단들을 소유하고 있다는 것을 강조한다. 주로 성례전들이 사제들에 의해 집전되며, 그들의 관료주의적, 합법적, 전통적인 리더십은 기독교의 설립자인 예수로부터 역사적으로 전승되어 왔다고 믿는다. 외적으로 교회는 이상적으로 사회와 동일선상에 있다고 믿으며, 세속기관들과 화해하고, 그 세속기관들과 타협하며 지배하려고 시도한다.[30]

그러나 스타크는 이러한 교회 유형의 속성에 대비되는 분파를 "좀 더 높은 긴장 강도의 그룹을 형성하기 위해 좀 더 낮은 긴장 강도의 그룹을 떠나는 분리된 그룹"으로, 이교를 "종교가 아니라 마술을 실

---

29) 힘이란 "어떤 사람의 교환비율을 통제하는 것" (정의 15)이다. Stark and Bainbridge, *The Future of Religion*, 10-2, 33.
30) Earl D. C. Brewer, "Sect and Church in Methodism," *Social Forces* 30, 4(no record): 402.

행하는 완전히 발달된 종교운동, 이교 그룹들, 활동들"로 더욱 확대하여 정의한다.[31] 종합하면, 교회는 이미 설립되어 기득권을 소유한 자들이 지배하는 단체로, 분파는 기독교 전통 안에 머물면서 교회에서 분리되어 나온 그룹으로, 이교는 기독교의 신앙체계와 전혀 다른 이질적인 신앙을 가지고 있는 그룹으로 정의한다.

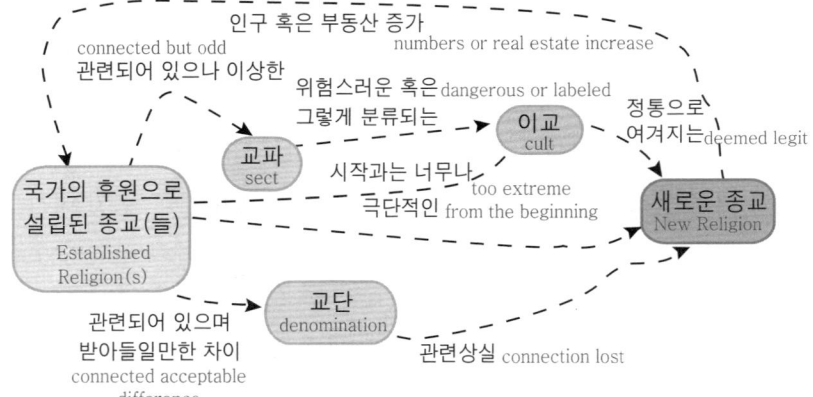

스타크는 여섯 가지 긴장 정도에 따라 각 주요 교단들을 나눈다. 1. 낮음: 성공회, 연합그리스도 교회(회중교회); 2. 중간: 미국 루터교, 미국침례교(북침례교); 3. 다소 높음: 남침례교, 루터교(미주리); 4. 높음: 나사렛교회, 제칠일재림교회; 5. 아주 높음: 오순절 교단; 6. 극도로 높음: 아미쉬, 메노나이트, 몰몬교, 여호와증인.[32]

---

31) Stark and Bainbridge, *The Future of Religion*, 15; Stark and Bainbridge, *A Theory of Religion*, 157 참조.
32) Stark and Bainbridge, *The Future of Religion*, 135를 참조할 것.

## 3. 분파 형성

"왜 그리고 어떻게 분파들이 탄생하는가?" "어떻게 분파들은 최초의 열정을 잃고 높은 긴장관계를 포기하게 되는가?" 분파 형성의 이유와 과정 그리고 교회화 되어가는 과정을 설명하면서, 스타크는 먼저 불완전한 종교단체의 유형인 분파가 시간이 지남에 따라 교회로 변형되는 경향에 대한 니버 주장을 비판한다. 니버에 따르면, 교회에서 이탈한 분파들이 다시 교회로 변형되면, 그 이전의 분파에서 만족스러운 신앙생활을 해왔던 구성원들이 다시 불만족하게 되고 시간이 흐르면 이 불만족한 그룹들이 다시 하나의 분파를 형성하게 된다. 이러한 분파가 왜 다시 발생하는가에 대한 이유에 대해 니버는 이미 존재하고 있던 종교단체들로부터 분리된 분파들의 구성원들은 모두 버림받은 소수의 자녀들, 가난한 사람들, 교회나 국가에서 별로 내세울 것이 없는 사람들로 이들의 종교적인 반란이 곧 분파의 탄생을 가져온다는 것이다. 하지만 새롭게 시작된 분파는 곧 그 사회에서 성공적인 단체가 되기 위해 다시 세상과 타협하게 되고 또 다시 "신앙의 상실"을 경험하게 되는 주로 하류층으로 남게 되는 소수는 또 다른 분파를 일으키게 된다는 것이다. 니버는 위와 같은 종교운동의 끊임없는 탄생, 변형, 분열, 재탄생의 과정이 계속된다고 주장한다. 하지만 이 이론에 대해 스타크는 니버가 너무 분파에만 치중했다고 지적하고 교회에서 분파가 형성되는 구체적인 과정과 설명이 충분하지 못했다고 주장한다.[33]

그러면 분파 형성의 주요 원인과 과정은 무엇인가? 스타크는 분열(schism)의 주요 원인들인 사회적 불일치(social cleavage), 충돌

---

33) Ibid., 99-100.

(conflict), 분파의 리더십, 외부의 요인들을 차례로 들며 분파 형성의 주요 요인들을 설명한다. 바로 이 점이 스타크의 주요 공헌 중 하나로 평가 받는 내용이다. 스타크에 따르면, 먼저 분열의 정의는 "하나의 단체가 둘 혹은 그 이상의 그룹들로 나뉘어지는 것"(정의 60)[34]으로, 한 단체의 내부에서 충돌이 일어날 때 그 이전부터 존재했던 하위 네트워크(subnetwork, 실례로 수도원에서 여러 그룹들) 사이에서 일반적으로 분열이 발생한다. 이러한 분열은 불일치와 함께 시작하는데, 불일치란 "동일한 집단을 구성하고 있는 사람들 사이에 소속감의 약화가 계속되어 분열에 이르는 것"(정의 65)[35]이다. 불일치가 일어나면 그 결과로 어떤 구성원들이 사임하게 되거나 쫓겨나는 일이 발생한다. 그러면 하위 네트워크들 중 하나가 새로운 단체를 형성하기 위해 탈출하게 되어(아미쉬와 메노나이트 그룹들을 실례로 들고 있다) 새로운 분파가 형성되는 것이다.

그러면 불일치 혹은 충돌 원인은 무엇인가? 스타크는 종교적인 단체들을 통해 얻을 수 있는 세상적인 현세적 보상들이 제한적이기 때문이라고 지적한다. 앞서 설명했듯이, 하나의 종교단체 안에서 현세적 보상들을 충분히 누리는 사람들과 그렇지 못한 사람들이 생기게 된다. 현세적 보상을 누리는 사람들은 이 세상을 강조하는 반면, 그렇지 못한 사람들은 저 세상을 강조하며 사회와 높은 긴장 강도를 유지하려고 시도한다. 현세적 보상을 누리지 못하는 사람들이 이 세상의 것보다 천상의 것을 계속 강조하려고 시도하면 할수록, 이미 특권을 누리고 있는 사람들은 긴장을 줄이기 위해 종교기관을 접수하고 통제하게 된다. 이로 인해 긴장의 강도가 낮아지면, 현세적 보상을

---

34) Stark and Bainbridge, *A Theory of Religion*, 128.
35) Ibid., 131.

누리지 못하는 사람들 중에 유능한 지도자가 등장하여 불평등을 빌미로 반대 그룹을 만들면서 충돌이 발생하게 된다.[36] 다시 말해서, 종교단체에서 소비자들은 더욱 얻을 것이 있다는 확신이 들 때, 분열에 참여하게 된다는 것이다.[37]

분파를 이끌 수 있는 지도자의 자격과 그 역할은 무엇인가? 먼저 지도자는 초자연적인 능력 혹은 최소한으로 초월적인 존재들과 직접적으로 접촉할 수 있는 사람이어야 한다고 주장했던 베버의 주장에 스타크는 동의한다.[38] 하지만 그는 이보다 더욱 나아가 특별한 능력을 소유한 지도자는 불만에 초점을 맞추고 직접적으로 조직적인 행동을 이끌어낼 수 있는 능력을 소유한 사람들이어야 한다고 주장한다. 주로 이전에 그 단체를 이끌었던 경험이 있는 목회자들이나 평신도들로, 분파운동을 이끌어 자신들이 원하는 현세적 보상들을 증가시킬 수 있다는 믿음이 추종자들 사이에서 생겨날 때, 사람들은 기존 단체에서 이탈하여 새로운 분파를 형성한다는 것이다. 결국 그룹 간에 차이가 너무 크고, 사회 내에서 깊은 불일치가 존재하게 되면, 상대적으로 박탈당한 사람들은 보다 높은 긴장 정도를 추구하는 분파운동을 낳게 된다는 것이다.

분파운동이 일어나는 단체들의 내부 문제와 함께 외부적인 요인들 또한 중요하다. 스타크에 따르면, 분파운동을 시작할 때, 사람들은 그 운동으로 인한 득과 실을 따지게 된다. 긴장 강도를 더욱 높일 때, 그 사회(환경)가 어떻게 반응할 것인가? 하는 문제는 중요하기 때문에, 일반적으로 분파운동은 종교의 다양성에 관용적인 사회에서

---

36) Stark and Bainbridge, *The Future of Religion*, 102-4; Stark and Bainbridge, *A Theory of Religion*, 31-4.
37) Stark and Bainbridge, *A Theory of Religion*, 128-30.
38) Ibid., 195.

일어나기 쉬우며[39] 갑작스런 외부적인 환경의 변화도 내세적 보상을 더욱 바라보게 하는 요인이 된다. 이러한 외부적인 환경 변화에 속하는 것으로 사랑하는 사람의 죽음과 질병, 직업 상실, 이혼, 장애자가 됨, 노화 같은 것들이 포함된다.[40]

이렇게 형성된 분파는 독특한 특징을 지니게 되는데, 크누드슨(Dean K. Knudsen)은 분파를 구성하는 사람들은 주로 가난하며 기독교의 특징을 감정적인 열정과 근본적인 교리로 이해하는 사람들, 단순한 신앙과 삶, 고결한 생활, 성령의 축복이 기독교의 중요한 요소라고 생각하는 사람들이라고 그 특징을 설명한다.[41]

지금까지의 분파 형성의 이유와 과정에 대해 정리하면, 이 세상에서 누릴 수 있는 보상의 제한성, 그로 인해 더욱 누리는 사람들과 그렇지 못한 사람들 사이에서의 불평등과 불일치의 증대, 긴장의 정도를 더욱 높이거나 낮추려는 시도의 충돌, 양 그룹간의 분열, 그로 인한 분파의 형성으로 요약할 수 있다. 지금까지는 주로 교회에서 분파가 형성되는 원인과 과정에 대해 설명했다면, 이제는 스타크의 독특성이 나타나는 분파가 어떻게 교회가 되고 또 다시 이 교회가 분파가 되는지를 설명하는 것이 필요할 듯하다.

---

39) Stark and Bainbridge, *The Future of Religion*, 104-6. 스타크와 배인브릿지는 분열이 일어났다고 해서 반드시 분파들이 발생한다고는 주장하지는 않는다.
40) Stark and Bainbridge, *A Theory of Religion*, 148.
41) Dean K. Knudsen, "Sect, Church, and Organizational Change," *Sociology Focus*, 2-1 (F no record): 11. 부류워(Brewer)는 극단적인 분파의 특징을 내적인 면과 외적인 면으로 나누어 설명한다. 내적으로 분파는 소규모, 친밀한 관계, 그리스도와 직접적으로 만나거나 종교적인 체험을 경험한 카리스마가 있는 지도자를 소유하고 있으며, 외적으로는 소규모의 그룹으로 전락, 세속의 기관들과 적대 형태를 취함, 더욱 폭넓은 사회화 대신에 그들 자신의 내적인 종교적인 교제로 대치하려는 것이 특징이다. Brewer, "Sect and Church in Methodism," 402.

앞서 니버는 분파 구성원들이 교체되어 교회로 된다고 보았다. 다시 말해서 분파를 이루는 주요 구성원들이 하류층에서 중류층, 상류층으로 교체되어 이들이 교회의 주축 세력이 되고 주변과 타협(화해)하게 된다는 것이다. 하지만 스타크는 이러한 주장은 분파가 교회가 되는 과정을 충분히 설명하지 못했다고 주장한다. 오히려 연구 결과에 따르면, 구성원들의 교체 때문이 아니라 그 구성원들이 검소, 근면, 정직, 사회의 여러 가치와 규범들을 잘 지킴으로써 오히려 사회적으로 그 지위가 향상되기 때문이라고 주장하였다. 실례로 신앙의 힘과 교회 공동체의 유대감은 자살률을 줄여 교인수를 늘게 하였고, 신앙의 힘으로 도덕적으로 새로워진 사람들이 그 사회에서 지위가 점차로 향상된다는 것이다. 이에 대해 크누드슨 역시 분파에 속한 개인과 단체가 그 사회에서 성공함에 따라 더욱 풍부한 삶을 살게 되고, 새로 믿는 자들이 더욱 많아지게 되면, 점차적으로 분파 또한 불가피하게 형식적이며 구조적인 서비스를 제공하는 교권주의적인 기관(교회)으로 결국 나아가게 된다고 지적한다.[42]

문제는 지위가 향상된 사람들이 종교단체 밖의 세속 세계에서 자리를 잡아가는 구성원들이 늘어날수록 분파 고유의 특성인 높은 긴장 정도를 장애물로 여기게 된다는 것이다. 따라서 그들은 계속 그 사회와 긴장 정도를 유지하면, 주변과 너무 이질적이 되어 전도나 영향력에서 전혀 효과를 보지 못하게 되고, 결국 성장이나 성공은 기대할 수 없게 된다. 따라서 세대가 계속 될수록, 구성원들은 더욱 낮은 긴장 강도를 원하게 되고, 긴장을 줄이면 결국 그 분파도 교회가 된다고 스타크는 설명한다. 이 이론이 수많은 분파들이 교회화되는 이유와 과정으로, 루터교, 장로교, 감리교, 회중교회, 그리스도의 제자

---

42) Dean K. Knudsen, "Sect, Church, and Organizational Change," 11.

들, 퀘이커교 모두 분파 정신을 버리고 교회화 되어 또다시 새로운 분파운동들이 일어나게 된 대표적인 종교단체로 지적하고 있다.[43]

스타크는 종교의 본성이 변화이기 때문에 단 하나의 보편적인 교회를 세우려고 시도했던 로마 가톨릭의 시도는 애초부터 불가능했다고 지적한다. 종교시장에서의 다양한 욕구들을 동시에 만족시킬 수 있는 유일한 종교기관은 없다고 보았기 때문이다. 그는 오히려 종교의 분열은 피할 수 없다고 주장한다. 왜냐하면 하나의 종교단체가 동시에 교회이거나 분파일 수 없기 때문이다. 따라서 분열-세속화-분열의 과정이 계속되는 종교는 본질상 다원주의라고 스타크는 주장한다.

### 4. 이교 형성

스타크는 이교의 형성 혹은 종교적인 쇄신(innovation)이 발생할 수 있는 세 가지 모델을 제시한다. (1) 정신병리학 모델(the psychopathology model); (2) 전문 경영자 모델(the entrepreneur model); (3) 하위문화-발전모델(the subculture-evolution model)이다. 이 세 가지 모델들을 설명하기에 앞서, 먼저 전통적인 기독교와 전혀 다른 신앙을 가진 이교가 형성되기 위해서는 두 가지 과정이 선행되어야 한다고 주장한다. 첫째, 새로운 종교 사상들이 등장해야 한다. 둘째, 그 사상들이 최소한 소수의 그룹들로부터 사회적으로 받아들여져야 한다. 이러한 조건들이 선행될 때, 새로운 이교가 시작될 수 있다는 것이다. 스타크는 "어떻게 그리고 왜 개인들이 새로운 종교 사상들을 만들어 내거나 발견하는가?", "어떻게 다른 사람들에게 전달하게 되는가?"를 묻고, 이교의 특성에 대해 설명한다.

---

43) Stark and Bainbridge, *The Future of Religion*, 105-108, 149-167.

먼저 모든 이교는 종교는 아니지만 일반적으로 종교가 가지고 있는 교환체제(exchange systems)를 취하는 경향이 있다고 보았다. 여기서 교환체제란 현세적 보상들이 아주 드물거나 전혀 얻을 수 없을 때, 사람들은 현세적 보상 대신 내세적 보상들을 창조하거나 만들어 낸다는 개념이다. 그러므로 사람들은 내세적 보상에 근거한 초월적인 종교를 끊임 없이 추구하게 된다.[44] 이러한 교환체제가 이교가 형성되는 기초가 되는 것이다. 따라서 끊임 없이 현실에서 얻을 수 없는 내세적 보상들을 만들어 내거나 그것들을 다른 사람들에게 전파하는 것이 이교의 특징이다.

이교 형성의 모델로 돌아가, 첫째로, 어떤 이교 형성은 정신병리학적인 상태에서 발생한다고 보았다. 새로운 이교들은 정신적인 질병을 앓고 있는 개인들에 의해 만들어지는데, 이러한 개인들은 정신발작 상태에서 전형적으로 새로운 비전을 소유하게 된다. 정신발작 상태에서 이 개인은 그 자신의 필요들을 만족시킬 새로운 내세적 보상들을 만들어내고 이것이 유사한 경험에 처해 있는 사람들에 의해 받아들여지게 되면 새로운 이교가 탄생하게 된다. 이러한 이교들은 대부분 사회의 위기 상황에서 발생하는데, 이교들이 많은 추종자들을 끌어들이는데 성공하게 되면, 그 이교 설립자는 자신의 질병의 일부라도 고침을 받거나 그의 추종자들로부터 실제적인 현세적 보상들을 받게 된다. 대표적인 이교의 모델로는 물질의 실체를 부정하고(환상이라고 주장) 정신만이 실체라고 주장하며 정신적인 망상에 의해 초래된 질병은 신앙으로 치유 받을 수 있다고 주장한 에디(Mary Baker Eddy, Christian Science 설립자), 그리스도가 이미 재림(70년경)하

---

44) Stark and Bainbridge, *The Future of Religion*, 172; Stark and Bainbridge, *A Theory of Religion*, 155.

였기 때문에 이 세상에서 죄 없고 완전한 상태의 천년왕국을 이룰 수 있다고 주장한 노이즈(John Humphrey Noyes, Oneida Community 설립자)를 들고 있다.[45]

둘째로, 어떤 이교 형성은 전문 경영자 모델을 따른다. 이 모델은 이교 설립자들이 종종 큰 현세적 보상들을 대체할 수 있는 새로운 내세적 보상체제들을 발전시킬 수 있을 때 가능하다. 이 모델에 해당하는 사람들에게 이교들은 그들의 고객들에게 물건을 제공하고 그 보답으로 현세적 보상을 받는 일종의 사업이 된다. 이교들은 새로운 내세적 보상들 혹은 최소한 새롭게 보이는 내세적 보상들을 파는 사업이기 때문에, 이교들은 새로운 내세적 보상들을 제공하기 위해 이 보상들을 끊임 없이 생산해야 한다. 생산과 판매 모두 전문 경영인이 감당해야 하기 때문에, 이 전문 경영인은 내세적 보상과 현세적 보상을 교환함으로써 이득을 취하려는 욕구가 상당히 강할 수밖에 없게 된다.

그러면 누가 이러한 전문 경영인이 되는가? 주로 그 이전에 동일한 이교에서 중요한 직책을 감당했던 사람들이 대부분으로, 이들이 성공적으로 새로운 내세적 보상체제를 생산하고 공급하게 될 때, 새로운 이교들이 탄생하게 된다. 대표적인 모델은 신지학(Scientology)의 창시자인 허바드(L. Ron Hubbard)로, 이들은 긍정적인 사고방식과 "마인드 컨트롤"을 사용하여 육체적 그리고 정신적으로 행복을 얻을 수 있다고 주장하며 존경, 권력, 무제한의 성적 쾌락, 막대한 유, 무형의 재산들을 벌어들인 대표적인 전문 경영자였다고 스타크는 주장한다.[46]

---

45) Stark and Bainbridge, *The Future of Religion*, 173-5, 239-41; Stark and Bainbridge, *A Theory of Religion*, 158-68.
46) Stark and Bainbridge, *The Future of Religion*, 178-83; Stark and Bainbridge,

마지막으로, 하위문화-발전모델은 그룹 상호작용과정(group interaction process)을 강조한다. 이 모델은 권위가 있는 지도자들 없이도 발생할 수 있는 모델로, 현세적 보상들을 얻는데 실패한 사람들이 주축이 되어 이 보상들을 얻기 위해 헌신할 때, 이교가 시작된다는 것이다. 원래의 목표들을 획득하는데 계속 실패하게 되면, 이들은 점차적으로 내세적 보상들을 만들고 교환하게 된다. 만약 그룹 내에서 현세적 보상들과 내세적 보상들의 교환이 활발하게 되고 계속해서 내세적인 보상들을 추구하게 되면, 이 그룹은 극단적으로는 사회에서 완전히 분리하게 된다. 대표적인 예로 스타크는 1978년 914명을 독극물로 자살(혹은 살해)하게 한 남미 가이아나 정글(Jungles of Guyana)에 위치한 짐 존스(Jim Jones)의 신앙공동체 인민사원(the Peoples Temple)을 들고, 이들은 진정한 사회주의 공동체, 완전히 평등한 공산사회를 꿈꾸며 신앙촌을 세웠지만 결국 비극으로 막을 내린 대표적인 모델이었다고 주장한다.[47]

그렇다면 "누가 새로운 이교들에 참여하는가?"이다. 이교에 가입하는 사람들은 좀 부족한 사람들이라는 것이 일반적이지만, 스타크는 반드시 그렇지는 않다고 주장한다. 스타크는 이교에 참여하는 사람들의 특징을 세 가지로 설명한다. (1) 종교적인 상황, (2) 사회적인 환경, (3) 정신 건강이다.

첫째, 종교적인 상황으로는 주로 전통적인 교회가 세속화되는 것을 아주 민감하게 받아들이거나 그러한 사람들로부터 영향을 받는 사람들 혹은 어떠한 종교적인 배경이 없는 사람들이 주로 대상이 된다. 세속화가 심하게 진행된 교단의 사람들과 이전에 종교생활을 거

---

A Theory of Religion, 168-178.
47) Stark and Bainbridge, The Future of Religion, 183-7; Stark and Bainbridge, A Theory of Religion, 179-186.

의 하지 않은 사람들이 이 부류에 속한다. 둘째, 사회적인 환경은 종교의 이 세상적인 차원을 확대할 것인지 아니면 저 세상적인 차원을 강조할 것인지 사이에서 내적인 갈등 상태에 처한 사람들의 상황이다. 셋째, 정신건강이란 쉽게 세뇌당하는 정신적인 상태로 보았다.[48]

새롭게 이교에 가입하는 사람들의 특징은 교리나 신학보다는 주로 가족과 친한 친구들에 의해 영향 받는다는 것이 스타크가 밝혀낸 주장이다. 다시 말해서 그 구성원이 속한 사회 네트워크의 영향을 받는다는 것이다. 이교의 특징인 구성원들 사이의 친밀한 유대관계는 이교에 가입하는 사람들에게 거부감을 감소시키고, 이 모임이 더욱 지적인 많은 사람들을 끌어 들이게 되면, 그때 비로서 성공하게 된다. 지식인들과 남성들을 주로 끌어들이는데 성공한 몰몬교가 대표적인 성공 사례로 제시된다.[49] 실제로 스타크는 몰몬교의 단체에 직, 간접으로 접촉하여 연구한 결과를 1984년에 논문으로 발표하였고, 2005년에는 《몰몬교의 발흥》(*The Rise of Mormonism*, 1984)을 출판하였다. 스타크는 이 책에서 몰몬교가 14세기 회교(이슬람) 이후 처음으로 세계 종교로 등극했다고 주장한다.[50]

---

48) Stark and Bainbridge, *The Future of Religion*, 395-418.
49) Ibid., 405-17.
50) Stark, *The Rise of Mormonism* (New York: Columbia University Press, 2005); Gene Burd, *A Book Review on The Rise of Mormonism, Utopian Studies 17-3* (2006): 588.

## IV. 생각해 볼 점

지금까지 스타크는 신앙에 투자한 비용(헌신)에 따라 현세적 보상을 받는가 아니면 내세적 보상을 받느냐의 기준에 따라 교회와 분파를 분류하였다. 분파가 형성되는 원인에 대해서는, 불평등한 현세적 보상이 주어짐에 따라 교회 내에서 불만이 확대될수록 새로운 강력한 리더십이 등장함으로써 새로운 분파가 형성되었다. 이렇게 형성된 분파는 새로운 사회에 적응하기 위해 그 환경과 화해(세속화)를 시도하게 되고, 또 다시 사회와 긴장정도를 유지하려는 소수의 사람들은 갈등을 겪다가 새로운 분파를 형성하게 된다. 이것이 스타크가 교회, 분파, 이교의 형성 과정의 주요 원인과 과정을 설명한 핵심 내용이었다. 이러한 설명들은 종교사회학 분야에서 찬사와 비판을 동시에 초래하였다.

스타크의 이론이 찬사를 받은 이유는 첫째, 교회에서 분파로 혹은 분파에서 교회로 변형되는 이유와 과정을 자세히 설명하였기 때문이다. 니버의 설명이 너무 분파 형성 과정에 한정되었고 모든 분파는 항상 교회화된다고 주장한 반면, 스타크는 역으로 교회로부터 분파 혹은 분열의 형성 과정은 불일치, 다툼, 분파의 리더십, 외부의 요인들이며, 분파가 교회가 되는 주 원인도 하류층에서 중, 상류층으로 분파 구성원들이 교체되기 때문이 아니라 분파 구성원들이 사회적으로 신분이 상승하기 때문이라고 주장하였다. 분파의 주요 구성원들도 사회적으로 약자가 아니라 중산층과 상류층이었다. 구성원들이 주로 하류층이면 그 모임은 사회적으로 영향력을 행사할 수 없고, 분파 고유의 사회적인 배타성과 신학적인 완고함으로 새로운 사람들을 수용할 수 없게 된다.

따라서 얼마나 많은 지식층과 지도층들을 새로운 회원으로 받아들이는가의 여부가 분파 성패를 가름하는 기준이 되었다. 분파에서 시작하여 신분이 상승된 구성원들로 이루어져 교회가 된 종교단체는 그 사회와의 긴장 정도를 낮추게 되고 이에 반대하는 소수의 그룹들이 다시 새로운 분파운동을 일으킨다고 주장하였다. 이러한 분파-교회 혹은 교회-분파의 과정에 대한 보다 진일보한 설명은 스타크의 독특한 이론이었다.

둘째, 분파-교회 혹은 교회-분파로의 변형 과정에서, 스타크는 교회, 분파, 이교의 구성원들이 유지하려는 것이 무엇이며 또한 무엇 때문에 그 단체들을 떠나는지에 대한 이유를 제시하였다. 합리적 종교 선택이론이 그 중심으로, 사람들은 희생(헌신)은 최소화하고 현세적 보상은 극대화하는 경향이 일반적이라는 것이다. 따라서 사람들은 종교기관에서 현세적 보상 혹은 내세적 보상을 원하고 이것을 제공하는 교회나 교단은 유지되지만 그렇지 못한 단체들은 종교시장에서 사라지게 된다. 만약 어느 단체가 유지된다고 하더라도 그 단체에 만족하지 못하는 그룹들은 새로운 분파를 또다시 형성하게 된다. 그리고 새로운 그룹에 가입하는 사람들도 신학적 혹은 교리적인 요인에 의해서라기보다는 가족, 친구 등 친밀한 사회공동체를 통해 종교가 제공할 수 있는 것들을 얻는 경향을 보여 주었다.

또한 스타크는 이교의 형성 원인과 모델, 이교에 참석하는 사람의 특징을 밝혀냈다. 이교 형성의 기초는 현실에서 사람들의 끊임 없는 내세적 보상에 대한 추구와 그것을 공급하려는 종교의 본성이었다. 따라서 종교가 지속되고 그리고 새로운 내세적 보상체제를 만들고 공급하려는 이교 형성이 계속되게 된다. 이러한 이교 형성은 정신병리학 모델, 전문 경영자 모델, 하위문화-발전모델 중 한 가지를 따르는 경향이 있다고 주장하였다. 이러한 이교운동에 참여하기 쉬운 사람들도 종교적 상황, 사회적인 환경, 정신건강 측면에서 고찰되었고, 신학적 혹은 교리적인 영향보다는 가족, 친구 등 친밀한 사회관계 속에서 더욱 영향을 받는다는 사실을 밝혀냈다.

그러나 위의 이론들에 대한 비판 또한 다양하다. 첫째, 종교는 기본적으로 무엇을 얻는 것(그것이 현세적 보상이든 내세적 보상이든)에 좌우되지 않는다는 것이다. 애머만(Nancy Ammerman)이 주장한 대로, 종교적인 삶은 인간 존재와 신적인 존재 사이의 친밀한 관계에 관한 것이며 그 관계는 교환하는 것 이외에 다른 차원이라는 것이다. 오히려 종교적인 삶은 구성원들, 그들의 감정들, 공유하고 있는 경험들과 관련된 것들이기 때문에 소유 여부만으로는 설명될 수 없다는 것이다. 둘째, 이들이 구분한 교회 혹은 분파의 구분이 종교적인 기관과 그 단체가 속한 사회를 설명하는 데는 도움이 되지만, 모든 종교적인 그룹들이 명확히 어느 범주 안에 들어갈 수 없다는 것이다.

실례로 라인홀드 니버(Reinhold Niebuhr)는 미국교회들에는 교회 형태와 분파 형태가 혼재되어 있다고 주장한다. 분파적 성향을 보이고 있는 미국의 침례교, 감리교, 제자들교회조차 모든 교회들이 침례(혹은 세례)와 주의 만찬을 지키고 있고, 전통적인 교회의 입장을 따르고 있는 장로교, 루터교, 성공회 교회들도 경우에 따라 분파 형태의 특징들을 점차로 수용하고 있다고 주장한다. 따라서 니버는 두 종교기관들이 연합을 위해 교회가 맹목적으로 분파들을 반대했던 것을 그만두면, 교회의 예전, 신학, 성례전들이 보존될 것이라고 주장하였다.[51]

마지막으로 스타크의 교회 - 분파이론은 강력한 국가교회 체제(로마 가톨릭이나 성공회가 국가교회인 나라)나 인종의 가치가 지배적인 상황(인도, 아랍권, 라틴 아메리카 등)에서는 적합하지 않다. 이러

---

51) Reinhold Niebuhr, "The Ecumenical Issue in the United States," *Theology Today* 2, no. 4 (Je 1946): 525-536.

한 상황 속에서는 교회든 분파든 새로운 종교운동이 자유롭게 일어날 수 없다.

이러한 찬사와 비판에도 불구하고 스타크의 교회, 분파, 이교의 이론은 이후에 이 분야에서 많은 영향력을 끼치게 된다. 흑인교회들의 세속화(Darren E. Sherkat), 몰몬교(Armand L. Mauss and Philip L. Barlow), 감리교(Earl D. C. Brewer), 침례교(Ruth Bordin) 등의 학자들이 위의 이론들을 적용하여 각 교단들을 분석하게 된다.[52] 국내에서는 스타크의 《미국종교시장에서의 승자와 패자》가 번역, 소개되었고, 복음신학대학원대학교의 배덕만 이 스타크의 논문 "신흥종교들이 성공한 방법: 하나의 이론적 모델"(How New Religions Succeed: A Theoretical Model)을 기초로 "여의도순복음교회의 성장에 대한 소고"(2010)를 발표하였다. 그리고 문화적 지속성, 적절한 긴장, 효과적 동원, 정상적 연령 및 성적 구조, 우호적 환경, 연결망, 세속화, 적절한 사회화라는 스타크의 8가지 모델을 적용하여 여의도순복음교회의 성장에 대한 사회학적인 분석을 시도하였다.[53]

한국의 종교적인 상황에서 스타크의 이론을 적용하여 설명할 수 있는 단체들이 존재한다. 1976년 "베뢰아" 성경공부 시작, 1978년 "베뢰아 아카데미" 설립, 1980년 베뢰아선교회 설립, 1987년 11월

---

52) Armand L. Mauss and Philip L. Barlow, "Church, Sect, and Scripture: The Protestant Bible and Mormon Sectarian Retrenchment," *Sociological Analysis 52-4* (1991): 397-414; Darren E. Sherkat, "Investigating the Sect-Church-Sect Cycle: Cohort-Specific Attendance Differences across African-American Denominations," *Journal for the Scientific Study of Religion 40-2* (Jun 2001): 221-33; Brewer, "Sect and Church in Methodism,"; Ruth B. Bordin, "The Sect to Denomination Process in America: The Freewill Baptist Experience, *Church History* 34, no. 1 (Mr 1965): 77-94를 참조할 것.

53) 배덕만, "여의도순복음교회의 성장에 대한 소고,"《21세기에 읽는 오순절 신학》(대전: 복음신학대학원대학교출판부, 2009): 265-97.

기독교한국침례회(기침)로부터 분파, 베뢰아대학원대학교 설립 등 교단적인 구조를 갖추고 있는 기독교한국침례회연맹(설립자 김기동 목사)은 대표적으로 위의 모델을 적용할 수 있는 단체라고 여겨진다. 스타크는 종교의 본질과 신앙의 핵심을 다음과 같이 요약하였다: "인간의 현상 가운데 가장 중요하고 매혹적인 것 가운데 하나는 새로운 종교의 탄생이다."[54]

---

54) Stark and Bainbridge, *A Theory of Religion*, 155. 현재 이교 타입의 그룹은 501개이며, 인간의 역사에서 200,000개 이상의 성공적인 이교들이 존재했던 것으로 추측된다.

# 제3장
# 로드니 스타크의 합리적 종교 선택이론

### 개인과 사회적인 신앙(교회) 상호관계의 기초 원리에 대한 종교사회학적 접근

바르셀로나의 한 벼룩 시장

"합리적 선택 이론은 단지 사람들이 목적을 확인하고 그 목적들을 획득하는 수단들을 평가할 때, 자신들의 이성의 능력을 사용하려고 한다는 것을 의미합니다.… 요점은 대부분의 사람들이 (지적인 그리고 도덕적인 보상들을 포함한) 보상을 얻으려고 행동하고 희생은 축소하려 한다는 것입니다.… 사람들은 다른 선택을 할 때와 같이 종교적인 선택을 할 때에도 반드시 합리적으로 선택한다는 것입니다."
스타크, '합리적 선택 이론'을 설명하는 한 좌담회에서


"희생은 소비자(신자)의 측면에서 종교에 참가하여 지불하는 어떤 것이나, 보상은 신자가 그 종교에 참여함으로써 이 지상에서 얻을 수 있는 사회적, 감정적, 지적인 어떤 것(현세적 보상)과 비록 이 땅에서는 얻을 수 없지만 내세에서나 얻을 수 있는 구원, 영화롭게 됨, 영원한 삶과 같은 보상들(내세적 보상)을 얻게 된다는 것이다."
스타크, '종교의 선택이론에서 중요한 교환 이론'을 설명하면서


"종교는 일종의 사회현상으로 집단적으로 만들어진 상품이다."
스타크, '종교의 보상 체계의 집단적 성격'을 설명하면서

## I. 들어가는 말

독일의 역사학자 랑케(Leonard von Ranke, 1795-1886)가 "본래 그것이 어떻게 있었는가"(wie es eigentlich gewesen)의 역사를 객관적, 과학적으로 연구하여 서술할 수 있다고 주장한 이후, 역사 서술(기독교 역사를 포함)은 랑케 이전과 이후로 나뉘어 설명된다. 랑케 이전의 역사 서술은 주로 창조신화, 자연사, 전쟁사, 영웅담, 문화사, 정신사, 특정 종교의 교리사(교회사)가 주류를 이룬 반면, 랑케 이후의 역사 서술에서 특히 교회사를 연구, 서술하려는 학자들은 교회사 역사 서술의 객관성을 확보하고자 노력하게 된다. 이러한 노력의 결과 20세기 교회사 서술은 어느 특정한 견해를 강조하며 다양성을 띠게 되는데, 실례로 여성적인 관점에서, 경제적인 관점에서, 종교사회학적인 관점에서, 교단적인 관점에서, 어느 특정한 인종 중심의 관점에서 교회사를 연구하고 서술하게 된다.

미국의 교회사 학계에서 필립 샤프(Philip Schaff)가 주도하여 1889년에 설립한 미국교회사학회(American Society of Church History, ASCH)는 기독교 역사와 그 역사가 속한 주변 문화와의 관계를 집중적으로 연구하여 교회 역사를 보다 객관적(과학적)으로 서술하려고 노력하게 된다. 이러한 노력들 가운데 가장 눈에 띄는 분야가 기독교를 종교사회학적으로 연구, 서술하는 종교사회학적인 방법이었다.[1] 이 연구는 종교를 신이나 영적인 어떤 것에 대한 관념(ideas)

---

[1] 기독교 역사 서술의 문제 제기, 그 역사, 현재의 흐름, 기독교 객관적 역사 서술의 가능성 등의 문제에 대해서는 저자의 학위 논문을 참조하라. Taesig Kim, "Can Christian Historiography Be Objective? An Examination of the Thought of Carl Lotus Becker and Kenneth Scott Latourette" (Unpublished Ph. D diss.,

으로 여겨 교회사 연구를 교리의 역사 혹은 종교기관의 역사로 제한하여 연구했던 전통적인 기독교 역사 연구와 달리, 19세기 후반부에 (종교)사회학자로 불리는 사람들은 종교의 여러 가지 일반 주제들 가운데 특별히 인간 사회에 가장 큰 영향을 미치는 종교기관에 관심을 가지게 되었다. 이들은 언약 사상이나 교회의 연속성을 강조하였던 전통적인 교회의 개념을 지양하고 종교기관을 가정, 학교와 같은 "사회적인 한 형태들" 가운데 하나로 평가하며 종교기관과 그 환경(개인을 포함) 사이의 상호관계를 연구하며 기독교 역사와 사회학과의 만남을 시도하였다.

실례로 막스 베버는 종교기관의 구조를 관료 정치화되어 정형화된 교회(church)와 카리스마 지도자에 의해 인도되는 소규모의 분파(sect)로 구분하였다. 언스트 트뢸치는 아주 보수적이며 예배를 집행하고 인간의 모든 삶의 욕구들을 충족시켜줄 수 있다고 믿는 교회형과 개인의 내적인 완전성과 개인적인 친밀한 교제를 추구하는 소규모의 분파형, 하나님이 각 개인에게 주신 소명을 이 세상에서 실현하기를 추구했던 루터교와 칼빈주의로 대표되는 신비주의 유형으로 나누었다.

리차드 니버(H. Richard Niebuhr, 1894-1962)는 교회가 속한 그 사회(환경)와의 긴장 정도에 따라 보다 낮은 긴장 정도를 유지하며 교회와 그 사회의 기득권을 유지해나가는 교회와 보다 높은 긴장 정도를 유지하며 카리스마가 있는 지도자에 기초한 분파로 나누었다. 반면에 스타크는 현세적 보상을 누리는 교회(church), 내세적 보상을 기다리는 분파(sect), 그리고 기독교의 신앙과 상당히 거리가 있는 이교(cult)로 나누어 설명하였다. 이러한 구분들을 통해 위의 학자들

New Orleans Baptist Theological Seminary, 2009): 1-176.

은 종교단체들 사이에서 지속적으로 일어나는 분열(교회에서 분파로 혹은 분파에서 교회로)을 이해하려고 하였다.[2]

사회학자들 가운데 신앙인의 관점에서(만약 종교사회학자들이 신앙인이 아니라면 맹인이 색깔에 대해 이야기 하는 것과 같다고 주장하며) 사람들과 그들이 신을 경험하는 것 사이의 관계를 사회과학적인 해석을 적용하여 연구할 수 있다고 주장하는 학자들이 등장했다. 이들은 기독교의 신앙과 사회과학적인 연구방법의 조화를 통해 기독교 역사를 연구, 서술하는 하는 것이 가능하다고 주장했다. 대표적인 학자가 34년간 위싱톤대학교에서 종교사회학을 가르쳤고, 2004년 이래로 텍사스 주의 베일러대학교에서 종교연구 기관의 공동의장으로 있는 스타크 교수이다.

스타크는 유대교의 한 분파운동으로 출발한 기독교가 어떻게 세계에서 가장 큰 종교가 되었는지 그리고 기독교의 여러 교단들과 교회들이 어떠한 원리에 의해서 성공한 교단과 실패한 교단이 되었는지를 분석하면서, 그의 학문적인 공헌으로 평가받는 종교에서의 합리적 선택이론(Rational Choice Theories of Religion)을 주장하게 된다. 종교에서의 자유경쟁 원칙을 기반으로 하는 위의 이론은 국가교회체제인 나라를 제외하고는 적용가능성이 여전히 열려 있다.

---

2) 스타크의 교회, 분파, 이교의 이론에 대해서 보다 자세한 내용은 다음 논문을 참조하라. 김태식, "로드니 스타크의 교회(Church), 분파(Sect), 이교(Cult) 이론 이해와 의의: 기독교의 사회적 형태에 대한 종교사회학적 이해"(한국복음주의 역사신학회 제25차 논문 발표집, 2011년 11월 5일): 17-33; 트뢸치의 교회, 분파의 특성에 대해서는 김주한, "종교개혁은 교파분열의 발단인가?."〈한국교회사학회〉28집(2011): 197-219; 스타크의 신흥종교들이 성공한 8가지 모델을 적용하여 여의도순복음교회를 연구한 배덕만, "여의도순복음교회의 성장에 대한 소고,"《21세기에 읽는 오순절신학》(대전: 복음신학대학원대학교 출판부, 2009): 265-97를 참조할 것.

I. 들어가는 말  69

## II. 미국종교사회학과 기독교 역사 연구

### 1. 미국종교사회학의 형성 과정과 발전

종교사회학자들은 종교 현상에는 항상 인간적인 측면들이 존재하기 때문에, 종교를 '인간적인 측면에서' 연구하는 것이 가능하다는 공통된 신념을 가지고 있었다. 이들 가운데 특히 미국을 중심으로 기존의 학자들이 추구했던 영적이나 심리학적인 접근 방법보다 인구학적, 정치적, 사회, 문화적인 요소들을 기반으로 교회사를 연구하는 사회학적인 연구방법을 발전시킨 종교사회학자들이 등장하였다. 기독교를 비난했던 무신론자들(주로 마르크스주의자들)에 대항하기 위해 1938년 220명의 미국의 가톨릭 사회학자들이 미국가톨릭사회학협회(the American Catholic Sociological Society, ACSS)[3]를 결성하였고, 이에 맞서 개신교 진영에서는 하버드대학교를 중심으로 1951년에 종교연구협회(the Religious Research Association, RRA)[4]를 결성하여 1956년에 협회 이름을 최종적으로 종교를 과학적으로 연구하는 협회(the Society for the Scientific Study of Religion, SSSR)[5]로 변경하였다. 이들 두 단체 외에도 1960년대와 1970년대 초에 버클리 학파(Berkely Circles, UCLA)가 등장하였다. 이 학파의 중

---

[3] 1940년부터 저널 *the American Catholic Sociological Review*를 발간하였고, 제2차 대전 후에는 *Sociological Analysis*로, 1993년에는 *Sociology of Religion*으로 명칭을 변경하였다.

[4] 1959년에 *the Review of Religious Research* 발간, 1961년에 *the Journal for the Scientific Study of Religion*으로 명칭을 변경하였다.

[5] Rodney Stark and Roger Finke, *Acts of Faith: Explaining the Human Side of Religion* (Berkeley and Los Angeles, California: University of California Press, 2000), 15-7.

심인물은 스타크의 스승인 글록(Charles Y. Glock) 교수, 벨라 (Robert N. Bellah) 교수, 스완슨(Guy Swanson) 교수 그리고 이들이 길러낸 수많은 졸업생들이 종교에 대한 사회학적인 연구를 수행하게 된다.[6]

일찍이 스타크는 1983년 종교사회학회(the Association for the Sociology of Religion) 의장 취임연설에서 종교에 대한 사회학적인 접근의 필요성을 강조하였다: "종교가 개인적인 특성들이나 일련의 개인들의 신앙과 실천으로 취급되는 한, 우리는 종교가 언제 그리고 어디에서 일치(conformity)하게 될 지 결코 알 수 없습니다. 그러나 만약 우리가 종교를 심리학적으로 접근하는 것을 벗어나 사회학적으로 접근한다면, 혼돈 대신 분명하게 될 것입니다."[7]

종교와 사회학과의 만남을 강조한 스타크의 주장은 항상 미국 종교학회에서 논란을 불러 일으켰다.[8] 그는 1985년경부터 각종 자료에 기초한 경험론적인 방법들을 자신의 "종교경제"(religious econ-

---

6) 1994년에 the American Sociological Association의 위원 네 명 중 세 명(Robert Wuthnow, Stark, Ruth Wallace)이 버클리 학파 출신들이었다.

7) David G. Hackett, "Rodney Stark and the Sociology of American Religious History," *Journal for the Sociology of American Religious History* 29-3 (Sep 1990): 372. 위의 연설에서 주목해야 할 단어는 '일치'로 저자가 번역한 개념이다. 이후의 글에서 스타크는 종교의 개인적인 측면만이 아니라 종교의 개인적인 측면과 사회 그룹간의 측면들을 서로 연결시키려는 시도에서 합리적 종교 선택 이론을 주장하였기 때문에 '일치'로 번역하였음을 밝힌다.

8) 스타크는 '논란을 불러일으키는 학자,' '연구하는 방식에 혁명을 가져온 학자,' '독창적,' '도발적' 이라는 평가를 동시에 받는 학자이다. Darrell Turner, Book Review on *The Discovering God: The Origins of The Great Religions and the Evolution of Belief, National Catholic Report* (April 16 2008): 18; Rosaire Langlois, "Internal Proletariants and Ancient Religions: History Reconsiders Rodney Stark, *Method & Theory in the Study of Religion* 11 no. 3(1993): 299-324 등을 참조할 것.

omy)라는 개념에 적용하여 기독교의 역사적인 자료들을 해석하고 있다. 그는 일반적인 종교 현상보다는 교회의 역사적인 자료들을 사회과학적으로 분석, 연구하여 소개하는 것을 주요 연구 목적으로 삼고 있다. 초대 기독교의 역사 연구에서 기념비적인 작품으로 평가 받고 있는 그의 《기독교의 부흥: 세상에 잘 알려지지 않고, 변방의 예수 운동이 어떻게 몇 세기 안에 서방 세계에서 지배적인 종교 세력이 되었는가》(The Rise of Christianity, 1996)에서 이러한 포부를 다음과 같이 밝힌 바 있다.

> 그러므로 나는 이 책에서 역사학자들과 성서학자들에게 실제적인 사회학을 소개하고 싶습니다. 이러한 내용에는 논리적인 합리적 선택 이론, 회사의 이론들, 개종에 있어서의 사회적인 네트워크와 개인 간의 애정의 역할, 역동적인 인구 모델들, 사회적 인식론, 종교경제의 모델들이 포함됩니다. 반대로, 나는 사회학자들과는 고대를 현대의 연구 방법으로 연구함으로써 얻을 수 있는 무궁무진한 학문적인 풍부함을 나누고 싶습니다.[9]

위의 언급은 스타크 자신이 신학자라기보다는 기독교의 역사적인 자료들을 사회학적으로 접근하는 종교사회학자로 여기고 있다는 것을 보여준다. 스타크는 자신의 근간인 《기독교의 승리》(The Triumph of Christianity, 2011)에서도 "나의 관심은 신학적인 것이 아니라 역사적인 것이며 사회학적이라는 것을 분명히 하고 싶습니다"라고 재차 언급하였다.[10]

---

9) Stark, *The Rise of Christianity: How the Obscure, Marginal Jesus Movement Become the Dominant Religious Force in the Western World in a Few Centuries* (New York: HarperCollins Publishers, 1996), xii.
10) Stark, *The Triumph of Christianity: How the Jesus Movement Became the*

## 2. 세속화이론 비판과 합리적 선택이론[11]

역사적으로 줄곧 사회학, 인간학, 심리학자들은 과학의 발달과 함께 종교는 곧 사라지게 되어 미래는 종교가 없는 시대가 될 것이라고 주장하였다.[12] 이것이 소위 세속화이론이었다. 이러한 주장에 대해 스타크는 오히려 "본성상, 종교는 그 자체를 영원히 변화시키고 새롭게 하는 역동적인 힘이다"라고 주장하며, 사람들의 종교적인 기호의 다양성, 하나의 종교기관과 그 기관이 속해 있는 사회(환경)와의 긴장 정도의 다름, 종교기관이 제공할 수 있는 신앙의 내용과 요구되는 헌신의 정도의 다름 등으로 인해 종교기관은 필연적으로 각기 상이한 형태(교회 혹은 분파 혹은 이교)를 취하며 끊임없이 지속될 수밖에 없다고 주장한다.[13] 이러한 종교기관들이 상이한 형태들을 취하고 끊임없이 변화하는 주요 원인으로 지적되는 것이 스타크의 종교에서의 합리적 선택이론으로, 이 이론은 개인의 신앙과 사회적인 신앙(교회, 교단, 혹은 다른 종교) 사이에 일어나는 어떤 상호관계를 설명하기 위해 도입되었다.

교회 - 분파 - 이교 이론과 함께 스타크의 주요 이론으로 평가 받고

---

World's Largest Religion (New York: HarperCollins Publishers, 2011), 2.

11) 세속화이론에 대한 좀 더 자세한 논의는 종교학자의 입장에서 최근에 정리한 최현종 교수의 "세속화"를 참조하라. 최현종, 제3장 세속화, 86-113, 《21세기 종교사회학》(서울: 다산출판사, 2014).
12) 이러한 주장에는 "종교는 일종의 계급의식 혹은 인민의 아편"(마르크수주의자), "종교는 억압받는 사람들의 운동"(엥겔스), "종교는 일종의 유아기의 성취"(프로이드), "종교는 신앙의 대상이 아니라 사회가 경배의 대상"(뒤르케임) 등이 있다.
13) Stark and Bainbridge, The Future of Religion: Secularization, Revival and Cult Formation (Berkeley and Los Angeles, Calif.: University of California Press, 1985), 124.

있는 이 이론의 출발은 종교 환경을 일종의 종교경제 혹은 종교시장(religious market)으로 간주하고 아담 스미스(Adam Smith)가 대표적으로 주장했던 경제원리(최소의 비용으로 최대의 효과)를 종교에 적용시켜, 사람들이 종교적인 선택을 할 때, 합리적(이성적)으로 선택한다는 이론에 근거하고 있다. 따라서 종교기관 혹은 교단은 사람들의 합리적인 선택에 의해 종교시장에서 번창하기도 하고 쇠퇴한다는 것이다. 이러한 이론은 보상은 추구하되 상실을 회피하려는 인간 행위의 기본적인 욕구와 종교 활동의 가장 기본적인 측면은 인간들과 신들 사이의 교환 관계(exchange relations)라는 주장에 기초한다.[14] 위의 이론은 전통적인 종교연구와 달리 종교에서의 개인적인 측면과 그에 상응하는 사회적인 측면 사이에 존재하는 원리가 곧 합리적 종교 선택이론이라고 보고, 종교(신앙)의 주체인 사람과 신앙의 대상인 종교(교회 혹은 교단) 사이의 상호 관계를 설득력 있게 설명한 점이 스타크의 학문적 성과라고 말할 수 있다.

종교에서의 합리적 선택이론을 집중적으로 다루고 있는 책으로는 배인브릿지와 공저한 《종교의 미래》(*The Future of Religion: Secularization, Revival and Cult Formation*, 1985); 《종교이론》(*A Theory of Religion*, 1987); 로저 핑크와 공저한 《신앙행전》(*Acts of Faith: Explaining the Human Side of Religion*, 2000)이며, 다른 대표적인 책들은 위의 이론을 바탕으로 기독교가 어떻게 세계적인 종교로 성장하게 되었는지 그 원인과 과정을 서술하고 있다. 대표적인 책들은 핑크와 공저한 《미국 종교시장에서의 승자와 패자》(*The*

---

14) Stark and Bainbridge, *The Future of Religion*, 5; Stark, For the Glory of God: How Monotheism Led to Reformations, Science, Witch-Hunts, and the End of Slavery (Princeton and Oxford: Princeton University Press, 2003), 5.

*Churching of America: 1776-2005: Winners and Losers in Our Religious Economy*); 스타크 저서들인《기독교의 부흥》(*The Rise of Chris-tianity*, 1996);《하나님의 영광을 위하여》(*For the Glory of God*, 2003);《하나님의 도성들》(*Cities of God: The Real Story of How Christianity Became An Urban Movement And Conquered Rome*, 2006);《하나님 발견하기》(*Discovering God: The Origins of the Great Religions and the Evolution of Belief*, 2007);《기독교의 승리》(*The Triumph of Christianity: How the Jesus Movement Became the World's Largest Religion*, 2011) 등이 있다.

## III. 합리적 종교 선택이론

스타크는 먼저 "종교란 무엇인가"; "종교에서 인간은 무엇을 추구하는가?"; "종교의 성패를 결정하는 요인들은 무엇인가?"("성공하는 종교와 실패하는 종교는 어떤 차이가 있는가?")를 묻는다. 앞의 두 가지 질문은 종교의 본성과 내용에 대한 것으로, 스타크는 종교의 초월적인 특성, 현세적 보상과 내세적 보상을 동시에 추구하는 인간의 욕구(종교성), 지속적으로 변화하는 종교의 특성(다양성과 세속화)에 대해 강조한다. 마지막 질문은 종교시장의 성패를 좌우하는 시장원리에 대한 것으로, 종교는 국가교회 체제(established church system)로 대표되는 독과점 체제보다는 다원화된 사회 속에서 영혼 구원을 위해 경쟁하는 자유교회 체제(free church system)가 승리하게 된다는 점을 강조한다.

위의 질문들과 그에 대한 대답을 진행하는 과정에 하나의 공통적인 특징이 발견된다. 그것은 "인간은 종교적인 선택을 할 때 일반적인 경제원리와 같이 종교에서도 합리적(이성적)으로 선택한다"는 합리적 종교 선택이론이다.[15] 물론 인간의 종교적인 행위들을 설명하기 위해 이전의 학자들(Gary Becker, Laurence R. Iannaccone)도 합리적인 선택이론을 사용했지만, 스타크는 이전의 세속화 이론을 비판하며 보다 발전된 이론을 전개한다.[16] 이러한 보다 진일보한 이론을 이해하기 위해서 먼저 스타크가 주장하는 종교의 본성과 종교가 가지고 있는 내용에 대해 살펴보면 다음과 같다.

## 1. 종교의 본질, 교환이론

### 종교의 본질

먼저 종교에 대해 부정적인 입장을 취하고 있는 "오래된 패러다임"의 주장을 다음과 같이 요약한다. 첫째, 종교는 거짓이며 해로운 것이며 비이성적이라는 이론이다. 종교는 대중들을 착취하고 엘리트를 섬기며 근대(modernity)로부터 도피하는 것으로 낮은 계급(노예,

---

15) Stark, *Discovering God: The Origins of the Great Religions and the Evolution of Belief* (New York: HarperCollins Publishers, 2007), 116.

16) 베커(Gary Becker, 1930- )는 인간의 행위를 경제학적으로 접근한 미국의 유명한 경제학자(시카고대학교 교수, 1992년 노벨경제학상 수상)로 인간의 행위는 이성적이며 효율을 극대화하는 경향이 있다고 주장하였고, 얀아콘(Laurence R. Iannaccone)은 종교의 경제적인 측면을 연구하는 미국의 경제학자(조지 메이슨대학교를 거쳐 현재 채프맨대학교 교수)로 종교적인 행위들과 합리적인 선택이론 사이에는 밀접한 관련이 있다는 것을 증명하였다. 스타크는 얀아콘의 설명을 받아들여 Religion, *Science, and Rationality*(1996), *De-regulating Religion: The Economics of Church and State* (1997)를 공동 연구하여 발표했다. Steve Bruce, "Moderation, Religious Diversity and Rational Choice in Eastern Europe," *Religion, State & Society* 27, no. 3/4 (1999): 268.

가난한자, 속박된 자)의 사람들에게나 흥미를 끄는 것이라는 것이다 (Marx, Angels). 둘째, 종교는 이미 사형선고를 받았다. 계몽주의와 지식, 과학의 발달로 종교는 곧 사라지게 될 것이라는 것이다 (Anthony F. C. Wallace). 셋째, 종교는 일종의 부수 현상(epiphenomenon)이라는 것이다. 종교는 '실제'가 아니라 개인이나 사회 현상의 반영으로 거짓된 것이며 신들은 허구라는 것이다(Marx, Angels, Durkheim). 넷째, 종교는 그룹들이나 집단들의 속성인 일종의 사회 현상이다. 종교는 일종의 심리학적인 것으로 인간의 정신의 상태, 억압된 사람들의 한숨, 인민의 아편이라는 것이다(Marx, Angels, Max Weber, Durkheim). 마지막으로, 종교의 다원주의는 해로운 결과들을 가져오며 독과점의 신앙이 우월하다(Durkheim, Steve Bruce)는 주장이다.[17]

이에 대해 스타크는 오래된 패러다임으로서는 더 이상 엄연히 존재하고 있는 종교의 사회적, 인간적인 현상들을 설명할 수 없다고 보았다. 그는 오히려 종교는 순전히 인간의 현상이며, 그 현상들의 여러 원인들은 자연세계에서 전적으로 발견될 수 있다고 믿었다.[18] 스타크는 "왜 사람들은 종교를 발달시켰는가?"; "그들은 종교로부터 무엇을 얻는가?"; "왜 특별한 사람들은 다른 방식에서 종교적인가?"를 묻고, 어떤 종교든 종교의 가장 기본적인 특성은 '초월적인 존재에 대한 개념'을 가지고 있는 점이라고 보았다.[19] 여기에서 초월적인 존재란 "자연적인 세력들을 중지시키거나, 변경시키며, 무시할 수 있

---

17) Stark and Finke, *Acts of Faith: Explaining the Human Side of Religion* (Berkeley and Los Angeles and London: University of California Press, 2000), 28-31.
18) Stark and Bainbridge, *A Theory of Religion*, 23-5.
19) Stark and Finke, *Acts of Faith*, 34.

는 자연 너머 혹은 자연을 초월하는 세력들"(정의 21)을 의미한다.[20] 따라서 초월적인 전제가 없는 것은 전혀 종교가 될 수 없으며 종교로서의 역할도 하지 못한다고 보았다. 스타크는 보상체계도 없으며 성공적으로 경쟁하지 못하는 불교철학이나 초월적이지 못한 자연종교들은 반드시 쇠퇴할 수밖에 없다고 주장하며, 스타크는 오직 초월적인 존재가 신이며 이것에 기초한 종교가 진정한 의미에서 종교라고 주장한다.[21]

스타크는 초월적인 존재에 대한 신앙에 기초하는 종교를 설명하기 위해서는 그 종교에 반드시 존재하는 다양한 요소들이 설명되어야 한다고 보았다. 신, 종교, 종교기관과 같은 개념들이 그것이다. 스타크는 신들을 "의식과 욕구의 속성들을 가지고 있는 초월적인 존재들"(정의 44)[22]로, 종교를 "초월적인 전제들에 기초한 보편적인 내세적 보상들의 체계"(정의 22)[23]로, 종교기관을 "초월적인 전제들에 기초한 보편적인 내세적 보상들을 창조하고, 유지하고, 교환하는 것이 주목적인 사회적인 단체"(정의 23)[24]로 정의한다. 위의 정의들을 종합하면, 스타크가 주장하고 있는 종교의 본성은 일차적으로 초월적인 것이며 그 밖의 것들은 이차적인 것에 불과하게 된다.

---

20) Stark and Bainbridge, *A Theory of Religion* (New York: Peter Lang, 1987), 39; Stark and Finke, Acts of Faith, 90.
21) Stark and Bainbridge, *The Future of Religion*, 3-10; Stark and Bainbridge, *A Theory of Religion*, 11.
22) Stark and Bainbridge, *A Theory of Religion*, 82.
23) Ibid., 39.
24) Stark and Bainbridge, *The Future of Religion*, 8; Stark and Bainbridge, *A Theory of Religion*, 42.

## 교환이론

종교의 본성을 초월적인 것에 대한 신앙이라고 규정한 후에, 스타크는 이러한 종교가 사람들에게 무엇을 제공하는지를 묻고 설명한다. 이러한 과정에서 그는 종교를 심리학적인 것이라기보다는 어떤 그룹들 혹은 전 사회의 한 속성인 사회학적으로 간주하고, 신앙인들의 종교 참여 이유, 한 종교기관의 성패 이유, 지속적인 분파의 발생 이유, 유럽과 다른 나라들보다 왜 특별히 미국에서 기독교가 성공하게 되었는지 등 종교경제의 역동성적인 특징들을 설명하며 자신의 주요 이론들을 발전시켜 나아간다.

먼저 종교의 주요 내용에 대해서 스타크는 종교는 '보상'(rewards)과 '비용'(헌신 혹은 희생, costs)이라는 두 가지 중요한 요소로 구성되어 있다고 주장한다. 보상이란 "인간들이 얻기 위해 희생해야 하는 어떤 것"(정의 3)[25]이며, 비용은 "인간들이 회피하려고 시도하는 어떤 것들"(정의 4)[26]로, 신앙은 신앙인들에게 이 세상에서 누릴 수 있는 현세적 보상(rewards: 교회의 구성원이 되는 것, 예배에 참석하는 것, 아이들의 사회화, 좋은 성품의 사람들과의 교제, 여가 활동의 기회 제공, 결혼의 기회, 사업 관계 등에서 이익을 얻는 것)과 내세적 보상(compensators: 교리, 신앙의 체험, 기도, 개인적인 헌신, 도덕적인 우월감)을 동시에 제공한다. 다시 말해서 희생은 소비자(신자)의 측면에서 종교에 참여하여 지불하는 어떤 것이지만, 보상은 신자가 그 종교에 참여함으로써 이 지상에서 얻을 수 있는 사회적, 감정적, 지적인 어떤 것(현세적 보상)과 비록 이 땅에서는 얻을 수 없지만 내세에서 얻을 수 있는 구원, 영화롭게 됨, 영원한 삶과 같

---

25) Stark and Bainbridge, *A Theory of Religion*, 27.
26) Ibid., 46.

은 보상들(내세적 보상)을 얻게 된다는 것이다.

하지만 문제는 사람들이 종교로부터 얻을 수 있는 내세적 보상보다는 현세적 보상을 더 선호하게 되고 이 보상의 수요와 공급의 불균형이 종교기관을 분열(분파)시키는 결과를 초래하게 된다는 점이다. 현세적 보상을 얻지 못하는 사람들은 초월자에 대해 또 다시 미래에만 획득될 수 있는 보상들(영생과 부활)에 대한 희망을 가지고 불공평하게 주어진 현세적 보상들을 극복하고 종교에 헌신하게 된다. 초월자로부터 이러한 보상을 추구할 때, 사람들은 초월자와 일종의 교환을 추구하고 신 혹은 신들을 이용(utilize)하고 조종(manipulate)하려고 하며 종교 활동에 참여하게 된다(명제 6).[27] 이 교환관계에 있어서 인간은 기도와 헌신, 헌금들과 같은 여러 가지 종교활동들을 제공하는 반면, 신은 돌봄, 사랑, 축복, 영생, 내세의 약속, 계시와 같은 것들을 제공한다. 바로 이곳에서 스타크는 인간들과 신 혹은 신들 사이에 교환관계가 성립한다고 주장한다(명제 8).[28]

이러한 종교적인 교환관계는 스타크에 앞서 블라우(Peter Blau, 1964년에 *Exchange and Power in Social life* 저술)와 호만(George Homans, 1961년, 1974년(개정)에 *Social Behavior: Its Elementary Forms* 저술)이 주장한 사회적 교환이론(social exchange theories)을 더욱 발전시킨 것이었다. 스타크는 현세적 보상과 내세적 보상이 실재한다고 가정함으로써, 사람들은 구체적이고 만져질 수 있는 것들(돈, 사회적인 명예 등)과 만져질 수 없는 것들(내세, 영혼, 축복, 돌봄)을 서로 교환할 수 있다고 전제하였다.[29] 이러한 교환관계에는

---

27) Stark and Finke, *Acts of Faith*, 90.
28) Ibid., 91. 신학은 "계시들에 대한 추론(reasoning)에 기초하여, 신과의 교환조건들을 설명(justify)하고 자세히 열거(specify)하는 설명들"이다. Stark, *For the Glory of God*, 5.

그 나름의 조건(법칙)이 존재하는데, "한 종교 그룹이 섬기는 신들의 수가 많을수록, 각각의 교환 가격은 더욱 낮아지고"(명제 9),[30] 사람들은 "신들과 교환할 때, 그 신들이 얼마나 믿을 수 있는가의 정도에 따라 더욱 높은 가격을 지불하게 된다"(명제 10)[31]는 법칙이 성립된다는 것이다.

이 교환관계에서 인간들에게 더욱 큰 이익을 주는 신은 '좋은 신'이고 그렇지 못한 신은 '나쁜 신'으로 인식된다. 따라서 신자들은 더욱 큰 능력을 소유하고 있다고 믿어지는 신들에게 더 높은 가격들(비용, 즉 헌신)을 지불하고(명제 12), 많은 것들을 줄 수 있는 신이 많은 것을 요구할 수 있게 된다는 거래 방식이 성립되게 된다. 스타크는 기독교, 유대교, 회교는 비록 많은 것들을 요구하지만 "요람에서 무덤까지" 책임지는 반면, 많은 것들을 요구하지 않는 "값싼"(cheap) 다신론 종교들은 영생과 같은 것들을 제공할 수 없기 때문에(명제 13) 세력이 약화될 수밖에 없다고 주장한다. 결국 사람들은 종교를 선택할 때 교환관계(투자 혹은 헌신 대비 보상 또는 복)에 기초하여 합리적(이성적)으로 선택하게 된다는 것이 스타크의 합리적 종교 선택이론이다.[32]

---

29) John H. Simpson, "The Stark-Bainbridge Theory of Religion," *Journal for the Scientific Study of Religion 29-3* (Sep 1990): 368.
30) Stark and Finke, *Acts of Faith*, 96.
31) Ibid., 97.
32) Ibid., 99-100.

## 2. 합리적 종교 선택이론

종교의 본성에서 스타크는 종교의 기본적인 성격 가운데 하나가 사회적인 것이라고 보았다. 이 말은 종교가 '거룩한 서적'(성경) 이외에 일종의 사회적 혹은 집단적인 현상으로, 그 사회가 종교의 가르침들이 사실이며, 이 가르침들이 실생활에서도 효과적이라는 사실을 확신시켜줄 수 있을 때에 한해서, 종교는 그 사회에서 존재하게 된다는 점을 내포하고 있다.[33] 사회적인 문화 환경 속에서 행해지는 사람들의 모든 종교 활동은 따라서 일종의 종교경제(a religious economy)로서, 여러 사회 구조 중 하부구조 가운데 하나인 종교는 '수요'와 '공급'이라는 상호작용의 지배를 받지 않을 수 없다고 보았다. 이러한 법칙에 지배를 받는 사람들은 삶의 다른 영역에서와 같이 종교적인 행동에 있어서도 합리성을 추구한다는 것이 종교의 합리적 선택이론의 핵심이다.[34]

한 좌담회에서 "합리적인 선택이론은 무엇인가?"라는 질문에 그는 다음과 같이 대답했다.

> 내가 이것을 사용할 때, 합리적 선택이론은 단지 사람들이 목적들을 확인하고 그 목적들을 획득하는 수단들을 평가할 때, 자신들의 이성의 능력을 사용하려 한다는 것을 의미합니다. 예, 물론입니다. 우리는 종종 충동과 화가 난 상태에서 행동합니다. 물론, 종종 우리가 선택하는 것과 더욱 효과적이라고 생각한 것들이 잘못될

---

33) Stark, *For the Glory of God*, 7.
34) 합리적 선택이론에 대해 종교학자의 입장에서 최근에 서술한 유광석의 교수의 "합리적 선택이론"을 참조하라. 유광석, 제4장 합리적 선택이론, 116-42, 《21세기 종교사회학》(서울: 다산출판사, 2014).

수도 있습니다. 하지만 요점은 대부분의 사람들이 (지적인 그리고 도덕적인 보상들을 포함한) 보상들을 얻으려고 행동하고 희생은 축소하려 한다는 것입니다. 우리는 일부러 가치 없는 물건들을 사려고 하거나 거짓말들을 믿으려 하지 않습니다. 종교에 적용해보면, 사람들은 다른 선택을 할 때와 같이 종교적인 선택을 할 때도 반드시 합리적으로 선택한다는 것입니다. 정반대의 주장은 비합리성이론으로, 이것은 신앙에 대한 사회, 과학적인 설명으로 종교적인 사람들은 속임을 당하고 있으며, 무엇에 홀린 사람이고, 거짓말에 놀아난 사람들이라고 오랫동안 (지배적으로) 주장했던 이론이다.[35]

그는 합리적 선택이론의 내용을 좀 더 자세히 설명한다. 먼저 합리성의 정의는 "지속적으로 목표지향적인 활동"(정의 54)[36]을 의미하며 반대로 비합리성이란 설명이 불가능하며 예측할 수 없는 것으로, 인간들의 합리성의 원칙은 "곧 사람들은 자신들이 가지고 있는 제한된 정보와 이해를 바탕으로 종교에서 합리적인 선택을 하려고 노력하는데, 이 정보와 이해들은 자신들의 선호도와 취향에 기초한다"(within the limits of their information and understands, restricted by available options, guided by their preferences and tastes, humans attempt to make rational choice)고 정의한다.[37]

스타크는 위의 정의에서 중요한 어구들을 좀 더 자세히 설명한다. 먼저 '제한된 정보'라는 어구는 사람들이 선택 행위를 할 때, 완전한 정보를 얻는 것은 쉽지 않지만 이는 역설적으로 "얻을 것으로 기대하

---

35) Stark, Discovering God, 117. Stark, "Conversation,'" Missiology: An International Review 33, no. 2(Ap 2005): 224.
36) Stark and Bainbridge, A Theory of Religion, 113.
37) Stark and Finke, Acts of Faith, 38.

는 유익한 점들에 대한 정확한 정보가 없다면 사람들은 선택할 수 없다는 것"을 의미한다. 비록 정보가 제한적일 수 있으나 사람들은 최대한의 정보를 가지고 선택한다는 것이다. 그 다음으로 '이해'란 사람들이 선택할 때, 사물들이 작용하는 것에 대하여 그들이 가지고 있는 일련의 원리, 신앙, 이론에 근거하여 선택하려 한다는 것을 의미한다.[38]

문제는 사람들이 최대한의 정보와 이해를 기반으로 합리적으로 선택한다고 해도, 그 선택은 항상 다를 수밖에 없고 그 결과 또한 다르게 나타난다는 점이다. 선택이 사람마다 다를 수 있고, 또 경우에 따라서는 매번 다른 선택을 하기 때문이라고 보았다. 스타크는 위와 같은 이유에 대해 사람들의 취향이 각기 다르고, 때에 따라 각각 다른 것들과 교환하기를 원하기 때문이라고 지적한다. "사람들이 합리적인 선택을 하려고 노력한다"는 것의 의미는 "그들은 자신들이 원하는 목표들을 얻으려고 노력할 때 이성의 명령을 따르려고 노력하게 된다"는 것을 의미하였다.[39] 위의 정의에서 주목해야 할 부분은 '항상' 사람들이 합리적인 선택을 하는 것이 아니라 '노력한다'는 점이다. 왜냐하면 때때로 사람들은 충동(증오나 격노, 흥분, 지루함, 화)에 사로잡혀 선택할 수 있기 때문이다.

그러므로 그의 이론은 정상적인 사람들의 경우에 한해서 비록 실수의 가능성은 있지만 가장 합리적이라고 인식되는 것을 선택한다는 이론이다.[40] 종교는 위에서 언급한 신뢰에 기초하기 때문에, 위험을 감수하며 신뢰하지 않으면 모든 종교 문제에서 교환은 일어날 수 없게 된다(명제 21). 더욱 큰 것을 얻으려면 더 큰 위험을 감수해야

---

38) Ibid., 38.
39) Ibid., 38.
40) Stark and Finke, *Acts of Faith*, 39; Stark, *Discovering God*, 117.

한다는 것이다. 기대되는 이익은 희생(가격)과 위험을 정당화하게 된다.

그러면 "사람들은 왜 그렇게 불확실한 내세적 보상에 투자하는가?"라는 질문이 제기된다. 이에 대해 스타크는 종교의 보상체계는 집단적이기 때문이라고 대답한다: "종교는 일종의 사회현상으로 집단적으로 만들어진 상품이다."[41] 사람들이 많이 모이는 교회에 더욱 많은 사람들이 몰려드는 현상이 이와 같은 실례라고 주장한다. 특히 다른 사람들의 평가(간증)는 종교에 대한 확신을 주어 더욱 종교적인 의식에 참여하게 하고(명제 23), 기도는 인간과 신들 사이에 애정(affection)과 신뢰관계를 묶어주는 역할을 한다(명제 24)고 설명한다.[42]

이러한 신뢰관계에 기초해서 개인들은 사회적인 자산(social capital, 사회적 유대관계)과 종교적인 자산(religious capital, 어느 특별한 종교문화에 대해 정통하게 되는 것과 그 문화에 속하는 것)이라고 불리는 것에 자신들의 시간, 에너지, 감정, 물질과 같은 것들을 투자하게 된다. 이러한 투자를 위해 사람들이 종교적인 선택을 할 때, 자신들의 사회적인 자산을 유지(극대화)하려 하며(명제 29) 동시에 종교적인 자산도 보존하려고 한다(명제 33). 사람들은 자신의 종교적인 자산이 클수록(잃을 것이 많기 때문에) 다른 종교로 개종하거나 이동하는 경우는 드물게 된다(명제 34). 그러므로 대부분 개종하거나 다른 종교기관으로 이동하는 사람들은 종교적인 자산이 적어 이동으로 인해 종교적인 비용이 비교적 적게 드는 사람들(명제 35, 개종을 해도 잃을 것이 없는 사람들)이라는 설명이 가능하게 된다.[43] 주로 젊은이들과 종교기관 주변부에 있는 사람들이 새로운 종교를

---

41) Stark, *The Rise of Christianity*, 173.
42) Stark and Finke, *Acts of Faith*, 106-13.
43) Ibid., 118-22.

사려고 시도한다는 것이다. 따라서 종교에서의 합리적 선택 행위는 일반적으로 그리고 정상적인 사람들의 선택이며 시들지 않는 인간의 기본적인 욕구이기 때문에, 이러한 선택 행위는 증명될 수 있어야 한다고 스타크는 주장한다.[44]

> 만약 우리의 행동이 비교적 합리적이지 않다면, 사회학도 불합리하게 될 뿐만 아니라 사회생활도 불가능하게 되고, 사회학이나 인간의 사회생활 자체가 전혀 예측 불가능하게 될 것이다. 만약 다른 사람의 행위가 실제로 예측 불가능하게 되면, 우리는 상호작용을 할 수 없게 된다. 다행히도, 인간들은 일반적으로 합리적인 방식에서 행동한다.[45]

위와 같은 주장은 종교의 비합리성을 주장했던 홉즈(Thomas Hobbes, 1588-1679), 흄(David Hume, 1711-1778), 포이에르바하(Ludwig von Feuerbach, 1804-1872), 뒤르케임(Émile Durkheim), 프로이드(Sigmund Freud, 1856-1939)와는 전혀 반대되는 것이다. 한 사회의 종교 기준들이 다르고 사람마다 선호하는 강도가 다르고 구성원들에게 요구하는 헌신(희생)의 정도가 다름으로 종교는 다양해질 수밖에 없게 된다. 바로 이곳에서 교회와 분파가 나누어지는 출발점이었다.

그러나 사람들이 종교적 행위나 선택할 때, 공통적인 특징 가운데 하나는 사람들은 자신들에게 가치 있는 보상을 제공해주는 신앙을 원한다는 것이다. 사람들은 요구하는 헌신의 정도가 아무리 높다 하

---

44) Stark and Finke, *Acts of Faith*, 43; Stark and Bainbridge, *A Theory of Religion*, 23; Sara Miller, "Why Monotheism Makes Sense Rational Choice," *Christian Century*, 121, no. 12(Je 15 2004): 30.
45) Stark, *Discovering God*, 117.

더라도 더욱 많은 현세적 보상과 내세적 보상들을 제공한다고 믿어지는 종교를 선택하게 된다는 것이다: "가격 혹은 희생이 교환을 평가하는 유일한 요소이지만 질적인 것은 또 다른 문제이다…비싸지만 종교적인 기관들은 더욱 큰 가치들을 제공할 수 있고, 실제로, 종교적인 기관들은 그것들이 비싸기 때문에라도 제공할 수 있다."[46] 이러한 스타크의 주장은 세상적인 것과 영적인 보상들을 제공하는 종교기관들은 성공하고, 그렇지 못하게 되는 종교기관들은 쇠퇴하게 된다고 주장했던 캘리(Dean M. Kelley)의 《왜 보수주의 교회는 성장하는가?》(*Why Conservative Churches Are Growing: A Study in Sociology of Religion with a new Preface for the Rose edition*, 1995)의 주요 내용과 동일하다.[47] 한마디로 종교 산업은 종교만이 공급할 수 있는 독특한 생산품을 취급하고 그것을 제공할 수 있다는 신뢰를 줄 수 있을 때 성장할 수 있다는 말이 된다.

종교적인 기관들이 공급하는 신앙의 내용, 그 구성원에게 요구하는 헌신의 강도, 사람들의 종교적 기호의 다양성으로 인해 종교의 특성은 다원주의적일 수밖에 없다고 스타크는 주장한다. 그러므로 그는 중세의 로마 가톨릭처럼 단 하나의 공급자(종교기관)가 모든 영역들을 만족시켜주는 것은 불가능하다고 여긴다. 왜냐하면 한 종교기관이 높은 긴장관계를 유지하며 동시에 현세적일 수 없고, 모든 종교기관은 각각의 환경 속에서 경쟁관계에 빠져들게 되고 결국은 더욱 효율적이고 혁신적인 기관들은 성장하게 되고 그렇지 못한 기관들은 쇠퇴하게 되기 때문이다. 대표적인 실례로 성공회에서 감리교가 분파되어 나오는 과정을 소개하며, 이러한 원리가 종교시장에 여러 교

---

46) Stark, *For the Glory of God*, 19.
47) Dean M. Kelley/이기문 역, 《왜 보수주의 교회는 성장하는가》(서울: 신망애출판사, 1991), 1-173.

단들과 분파들이 형성되는 주요 이유이며 따라서 종교는 필연적으로 다원주의적일 수밖에 없다고 진단한다.[48] 이제는 종교시장에서 가장 두드러진 특징인 다원주의에 대해 알아보자.

## 3. 종교의 다원주의(세속화이론 비판)

종교의 다원주의에 정 반대되는 체제는 국가의 후원이나 소수의 개인들 후원에 의해 운영되는 국가교회이다. 이 교회의 특징은 고객인 평신도들에게 너무 형식에 치우쳐 보이고, 멀리 느껴지며, 귀족적인 종교로 비춰진다는 점이다. 이러한 국가교회 체제에서는 종교에 강압적인 힘이 가해지게 되고, 그렇게 되면 결국 종교의 독점이 발생하며 그곳에는 주변의 사회(환경)와 조화를 이루기 위한 시도인 일종의 세속화가 일어나게 된다. 스타크는 독과점에 의한 세속화의 실례로 종교, 정치, 교육이 삼위일체가 되었던 중세시대를 든다.[49] 종교의 독과점(religious monopoly)으로 불리는 이러한 국가교회 체제는 경쟁을 막기 위해 국가가 강제적인 힘을 사용하는 인위적인 체제로서, 이러한 체제 속에서 개인들은 개혁하기를 거부하게 되고 대중들의 헌신적인 참여도는 약화되어, 결국 종교의 내적인 핵심인 헌신도와 참여도가 사라진 "공짜 종교"(free church)가 된다고 주장한다.[50] 따라서 국가 종교로부터 보다 자유로운 수도원운동이 일어나게 된다. 국가의 권력, 영향, 부자들로부터 독립적이지 못했던 그리스 - 로마

---

48) Stark, *Discovering God*, 117-20. 종교시장의 원리에 따라 승리한 교단들과 실패한 교단들에 대한 좀 더 자세한 분석과 실례는 저자가 번역한 《미국종교시장에서의 승자와 패자》를 참조하라.
49) Stark and Finke, *Acts of Faith*, 199.
50) Stark, *Discovering God*, 121-2.

의 종교들(사원들)이 "공짜 종교들"의 대표적인 경우였다.

반면에 개인들의 영적인 삶, 개인의 도덕성에 호소, 감정적인 신앙, 다양한 구원의 방법들을 제공하며 높은 헌신을 요구했던 동방의 종교들인 이시스(Isis), 퀴벨레(Cybele), 미트라(Mithra), 바커스(Bacchus)는 "비싼 종교"가 된 반면, 독과점 체제였던 전통적인 그리스-로마의 신들은 경쟁력을 상실한 채 자신들의 시장을 빼앗길 수밖에 없었던 "값싼 종교"가 되었고 종교는 단순히 "하나님을 구경하는 일"(God-Shopping)로 전락되었다고 진단한다.[51] 여기에서 하나의 종교기관이 점차적으로 영향력을 상실하는 과정이 세속화(secularization)(정의 104)이다.[52] 사회와의 긴장 정도가 너무 높으면 종교시장이 제한되어 급격히 쇠퇴할 수 있기 때문에 주변 여건과 보조를 맞추다 보면 자연스럽게 세속화 과정을 겪게 된다는 것이다. 결국 세속화된 종교는 이전에 종교적인 전통을 강요하고 신자들에게 신비스런 행위들을 제공하던 상태에서 더 이상 제공하지 못하는 상황에 이르게 된다. 한마디로, 무능한 종교의 상태가 된다는 것이다.[53]

경쟁력을 상실한 종교 기관들("값싼 종교들")은 그 신자들에게 제공해 줄 수 있는 것이 거의 없게 되어 요구하는 것이 줄어들게 된다.

---

51) Stark, *Discovering God*, 124-33; Stark, *Cities of God: The Real Story of How Christianity Became An Urban Movement And Conquered Rome* (New York: HarperCollins Publishers, 2006), 114. 인간에 대해 별 관심을 기울이지 않으며 공적인 예전에 머물렀던 전통적인 그리스-로마 종교에 반해, 새로 유입된 동방종교들은 개인의 영적 생활과 도덕적인 의무들에 더욱 관심을 가졌으며 의식(예배)도 보다 축제적인 성격을 띠었으며, 기쁨과 엑스타시, 열정으로 충만한 종교였다. 좀 더 자세한 내용에 대해서는 Stark, *Cities of God*, 85-94를 참조 할 것.

52) 세속화란 "종교적인 기관들이 점차적으로 힘을 상실해가는 것"(정의 104)으로 정의된다. Stark and Bainbridge, *A Theory of Religion*, 293.

53) Stark and Bainbridge, *A Theory of Religion*, 309.

그러면 이 종교단체들은 갈수록 희생하려 하지 않고 단지 이익만을 원하는 '무임 승차자'(free riders)들이 다수인 종교로 전락하게 된다. 전통적인 종교 기관에 속하는 사람들은 점점 "희생을 요구하지 않는 종교는 가치가 없다"고 생각하게 된다.[54] 따라서 종교에 가해지는 국가의 강압적인 힘이 사라지면, 종교는 독과점 체제를 벗어나 자연스럽게 경쟁하게 되고 필연적으로 다원주의적이 될 수밖에 없다는 것이 스타크의 주장이다.

이러한 종교의 다원주의 성격(자원주의 포함) 때문에 교회는 반드시 경쟁하게 되고 이에 따라 각 종교기관들의 성공과 실패가 판가름 나게 된다.[55] 이러한 원리를 가장 잘 보여주는 실례로 스타크는 19세기 이후의 미국의 종교 상황을 언급하였던 오스트리아 출신이며 후에 미국인으로 귀화하였던 프란시스 그룬드(Francis Grund, 1798-1863)의 말(1837)을 소개하며, 왜 미국의 목회자들이 유럽에 비해 그렇게 활동적이었는지를 소개한다.

> 미국의 모든 목회자들은 자기 자신의 은행계좌와 자신의 회사를 위해 사업하는 것과 같다고 말할 수 있다. 부족한 것은 모두 자신의 책임이며, 자신의 노력에 따라 모든 신용(credit)이 그에게 주어진다. 그는 항상 책임자처럼 행동하며, 그러므로 더욱 열심히 일하며, 임금을 위해서 일하는 사람보다 인기를 얻기 위해 더욱 노력하려고 한다.[56]

---

54) Stark, *For the Glory of God*, 23.
55) Finke and Stark, "Evaluating the Evidence: Religious Economies and Sacred Canopies," *American Sociological Review*, 54-6(Dec 1989): 1054-6.
56) Finke and Stark, 《미국종교시장에서의 승자와 패자》, 24.

이러한 19세기 미국 종교경제의 한 특징이었던 다원주의를 설명한 후에, 이러한 주의에 알맞은 구조를 가지고 있던 교단들의 성공과 그렇지 못한 교단들의 실패를 설명한다. 스타크는 종교경제는 상업경제와 유사하여 종교시장에 대한 각종 규제들이 철폐된 새로운 분파들인 감리교, 침례교, 오순절 교단들, 몰몬교 등은 시장을 확대하게 되고, 반면에 계속 규제를 철폐하지 않았거나 늦추었던(국가교회 체제를 유지하려 했던) 로마 가톨릭, 성공회, 회중교회, 장로교는 시장 점유율을 상실하게 되었다고 진단한다(명제 75).[57] 민주적인 교단 구조, 서민 목회자, 감정적인 호소를 특징으로 한 분파들이 주로 이 기간 동안 새로운 미국의 종교 환경에 큰 영향을 끼쳤다는 것이다. 최근에 경쟁력을 상실했음에도 아직까지 국가교회체제를 고수하고 있는 영국의 기독교에 현재와 같은 흐름에 변화가 일어나지 않는다면, 영국의 교회는 2030년경에는 종교시장에서 사라지게 될 것이라는 전망도 바로 위와 같은 경우에 해당될 것이라는 지적이 제기되었다.[58]

하지만 스타크는 이와 같은 주장에 동의하지 않는다. 종교의 속성상 새로운 종교는 계속 일어나고, 전통적인 종교나 주요 교단들이 겪고 있는 세속화의 결말은 그 종교의 끝(destruction)이 아니라 오히려 새로운 변형(transformation)을 겪으면서 새롭게 탄생한다고 믿기 때문이다.[59] 실제로 쇠퇴하는 것은 전통적인 종교와 세속화된 종교기관

---

57) 이에 대한 내용은 특별히 핑크와 스타크의 《미국종교시장에서의 승자와 패자》; *Acts of Faith*, 특히 163, 201; *The Triumph of Christianity*; Earl D. C. Brewer, "Sect and Church in Methodism," *Social Forces* 30, 4(no record): 400-408을 참조할 것.

58) Steve Bruce, "Christianity in Britain, R. I. P.," *Sociology of Religion* 62 no. 2 (2001): 191.

59) Stark and Bainbridge, *A Theory of Religion*, 279, 310.

일 뿐이며 새롭게 탄생하는 종교 형태들은 끊임없이 형성, 발전한다고 그는 믿는다: "경쟁은 '값싼' 종교에 보상해 주지 않는다."[60] 결론적으로 종교의 미래에 대해 낙관적으로 전망한다: "우리는 종교가 인간 사회에서 미래에도 계속 중요한 위치를 차지하게 될 것이라고 예언할 수 있습니다. 종교의 특성들이 변하고 미래에 큰 변화들이 있게 되더라도, 종교는 사라지지 않고 계속될 것입니다."[61] 윌슨(John Wilson)과 모스(Armand L. Mauss)의 주장대로, 스타크의 종교시장이론에 기초한 합리적 종교 선택이론은 지난 20세기 후반부 미국의 종교사회학의 '주도적인 패러다임'으로 자리매김 하였고 인간이나 종교기관들의 행동을 설명하는 유용한 이론 가운데 하나라고 평가할 수 있다.[62]

## IV. 생각할 점

개인의 신앙과 사회적인 신앙(종교적 기관) 상호관계의 기초를 설명하기 위해 도입된 스타크의 합리적 선택이론은 어떻게 사람들이 특정한 종교를 선택하고 각 교단들과 교회들의 성패 여부를 해석하는 데에 어떤 원리가 작용하는지를 설명하는 이론이었다. 이 이론의 핵심은 사람들이 종교를 선택할 때, 다른 분야에서와 동일하게 합리적으로 판단하여 선택한다는 것이었다. 그러나 이러한 이론은 그 자체로 한계점과 비판 받을 내용을 가지고 있다.

---

60) Stark, *The Triumph of Christianity*, 362.
61) Stark and Bainbridge, *A Theory of Religion*, 312.
62) John Wilson, "The Elementary Firms of Religion," 339; Armand L. Mauss, "Guest Editor's Introduction," *Dialogue* 29 no 1(Spr 1996): 7.

첫째, 스타크의 이론은 종교의 본질에서 얻는 것과 잃어버리는 관계에 너무 치중했다. 사람들은 늘 보상을 생각하며 헌신하며 신앙생활을 하는 것이 아니다. 밀러(Sara Miller)가 주장했듯이, 예수님은 오히려 계속해서 이 세상에서 진주와 재물, 농부가 자신의 창고에 식물을 쌓아두는 것 등과 같은 얻는 것에 대해 늘 비판적이었다.[63] 오히려 인류사에서 다른 사람들을 위해 헌신, 봉사했던 슈바이처, 테레사와 같은 성현들은 현세적 혹은 내세적 보상의 원리에 의해 산 것이 아니었다. 너무 결과를 중시한 결과 잃음으로써 보다 귀한 것을 얻는 신앙의 본질적인 측면을 간과할 수 있다. 경쟁 원리와 보상 원리에 너무 치중한 종교는 스타크 자신이 지적했듯이 오히려 '값싼' 종교로 전락할 위험이 있다고 하겠다.

둘째, 스타크의 이론은 미국적인 상황에서나 적용된다는 점이다. 종교의 규제가 철폐된 미국의 종교 상황에서 이 이론을 적용하는 데에는 큰 무리가 없다. 그러나 다민족 사회인 미국과 달리 강한 민족적인 특성을 기반으로 하는 유럽의 많은 국가들은 근본적으로 다르다.[64] 강한 민족적인 특성 앞에 다른 종교로 개종하는 데는 큰 희생과 위험이 따르게 마련이기 때문이다. 힌두교나 회교의 경우가 여기에 해당한다고 말할 수 있다. 따라서 스타크의 이론은 미국에는 적합하지만 모든 나라에 보편적으로 적용하기에는 무리가 있다는 비판은 당연하다.

하지만 모든 이론이 모든 경우에 다 들어맞지 않는 경우가 종종 있다. 교회들이 자유롭게 경쟁할 수 있는 환경과 국가에 의해 보호받고 국가가 강압하는 국가교회의 체제는 해석의 틀 자체를 다르게 적용

---

63) Sara Miller, "Why Monotheism Makes Sense Rational Choice," 31.
64) Steve Bruce, "Christianity in Britain, R. I. P.," 273. 부르스는 종교는 다양성에서가 아니라 역경(불황)과 민족들이 충돌할 때 번창한다고 주장한다.

해야 할 것이다. 이런 면에서 스타크의 이론은 종교의 다양성을 인정하는 사회에서 적용 가능한 이론이라고 말할 수 있다. 이것이 하나의 이론으로 불리는 이유가 되기도 한다.

셋째, 스타크의 이론은 종교를 너무 성공 지향적으로 해석했다. 종교기관들간의 경쟁은 피할 수 없다 하더라도 교인 숫자를 기준으로 성공한 교단과 실패한 교단으로 나누다 보면, 신앙의 본질을 유지하는 것보다 결과만을 중요시 여기는 종교의 성공지상주의로 전락할 수 있다. 스타크의 이론이 신학적이기보다 사회학적인 접근이라는 한계점이 가장 분명히 들어나는 대목이다. 신학은 신학 나름의 고유한 영역이 있다. 이것을 경쟁원리로만 해석하려고 할 때, 오히려 신앙의 본질을 놓치는 잘못을 범할 수 있다. 실례로, 중세의 수도원이나 현대에 소규모로 존재하는 신앙공동체를 과연 실패한 종교 단체로 규정할 수 있는가?

위와 같은 단점에도 불구하고 개인의 신앙과 그 신앙인들이 속한 종교 단체들간의 상호관계를 설명하기 위해 도입한 스타크의 이론이 기존의 신학이나 교리로 설명할 수 없는 내용들을 어느 정도 설명해 주었다는 점은 높이 평가할 만하다. 특별히 20세기 후반부 서구의 기독교계를 논란의 중심에 서게 했던 교단간의 성공과 실패의 원인과 과정, 사람들이 어떠한 원리에 의해 개종하며 교회를 이동하는지에 대해 나름대로 설명하려고 시도했다는 점은 스타크의 공헌 중 하나라고 말할 수 있다.

21세기의 기독교는 또 다른 전환기에 접어들고 있다. 지난 세기 동안 큰 위세를 떨쳤던 교파주의는 점점 사라지고 있고 교단간의 순위 또한 한치 앞을 내다볼 수 없을 만큼 뒤바뀌고 있다.[65] 2010년 미

---

65) 2011년 NCC(미국, 캐나다교회협의회) 《교회연감》에 따르면, 미국과 캐나다 개

국의 개신교 목회자들에 대한 설문조사 결과에 따르면, 교파를 초월하여 자신이 웨슬리 혹은 알미니우스주의자라고 응답한 비율이 32%, 칼빈주의 혹은 개혁주의자라고 응답한 비율이 31%였다. 웨슬리주의자 장로교 목회자, 칼빈주의자 감리교 목회자가 등장한 것은 더 이상 놀라운 현상이 아니다. 오순절 교단의 목회자들 중 개혁주의자라고 응답한 비율이 31%, 알미니우스주의자라고 응답한 비율이 27%였다.[66]

이러한 현상은 미국의 교회에만 국한되지 않는다. 최근의 한국교회도 이와 유사한 현상이 일어나고 있다. 한국의 대형교회들을 중심으로 점점 교단 색채를 줄여가며 교단의 통제로부터 자유하려는 움직임이 늘어나고 있다. 또한 교단의 정체성을 강조하며 구도심에서 교단을 대표했던 대형 교회들의 규모가 축소되어가는 대신 성도들이 실제적으로 필요한 것에 목회 방향을 맞추어가며 교단 색채를 줄여가는 신도시의 새로운 교회들이 한국교회 성장을 새롭게 주도하고 있다. 바야흐로 교단을 초월하여 자유 경쟁에 기초한 종교시장이 우리 앞에 펼쳐지고 있다고 해도 과언이 아닐 것이다. 21세기 한국교회를 어떻게 진단하고 그 미래를 예측할 수 있을까?

한국교회 역시 종교의 자유시장 원리가 지배하는 대표적인 나라

---

신교 중 순위 1위는 남침례교(16,160,088명, 0.42% 감소), 2위는 연합감리교(7,774,931명, 1.01% 감소), 3위가 몰몬교(6,058,907명, 1.42% 성장)이며, 10위 장로교회 USA(2,770,730명 2.61% 감소), 20위 여호와증인(1,162,686명 4.37% 성장), 24위 제칠일재림교회(1,043,606명, 4.31% 성장)가 순위 25위 안에 들었다. National Council of Churches USA, "News from the National Council of Churches," from http://www.ncccusa.org/news/110210yearbook2011.html, 2011년 3월 4일 접속.

66) Barna Group, "Is There a 'Reformed' Movement in American Churches?" from http://www.barna.org/faith-spirituality/447-reformed-movement-in-american-churches, 2011년 4월 5일 접속.

이다. 미국의 주요 교회들의 신학과 프로그램들이 급속도로 수입, 전파되고 있으며, 매년 한국의 교단들의 성장과 쇠퇴에 대한 보고들이 발표되고 있다. 미국의 상황과 유사하게, 한국의 교단들도 성장하는 교단과 쇠퇴하는 교단들이 있다. 실례로 배덕만(복음신학대학원 교수)은 스타크의 논문 "신흥종교들이 성공한 방법: 하나의 이론적 모델"(How New Religions Succeed : A Theoretical Model)을 기초로 "여의도순복음교회의 성장에 대한 소고"(2010)를 발표하였다. 그리고 스타크의 8가지 모델을 적용하여 여의도순복음교회의 성장에 대한 사회학적인 분석도 시도하였다.[67] 또한 1976년 "베뢰아" 성경공부시작, 1978년 "베뢰아 아카데미" 설립, 1980년 베뢰아선교회 설립, 1987년 11월 기독교한국침례회(기침)로부터 분파, 베뢰아대학원대학교 설립 등 교단적인 구조를 갖추고 있는 기독교한국침례회연맹(설립자 김기동 목사)도 스타크의 교회, 분파 이론과 함께 종교의 합리성 이론을 적용하여 한국 교계에서의 그 성장을 해석할 수 있는 대표적인 모델이라고 말할 수 있다.

그밖에 신천지, 하나님의 교회(장막성전), 구원파로 알려진 한국의 대표적인 신흥 분파들의 성장 원인과 이유도 스타크의 주요 이론인 교회와 분파 이론 그리고 종교에서의 합리성 이론을 적용하여 해석을 시도할 수 있다. 분파의 특징인 강력한 1인 리더십, 강력한 내세적 보상체계 제공, 친밀한 인적 네트워크와 다른 교단으로부터 얻을 수 없는 영적인 만족 등 희생(투자)과 이에 비례하는 보상(만족)의 관계(이것이 곧 종교에서의 합리적 선택이론이다)로 설명을 시도할 수 있을 것이다. 어느 교단이나 교회가 왜 성장하고 쇠퇴하는가에 대한 한국적인 해석의 틀은 아직 존재하지 않는다. 이러한 점에서 스타크

---

67) 배덕만, "여의도순복음교회의 성장에 대한 소고," 265-97.

의 교회와 분파이론과 함께 합리적 종교 선택이론은 한국적인 상황에서 개인과 교회(교단)간의 상호관계를 설명하는 데에 활용할 수 있는 해석의 도구일 수 있다. 스타크의 이론을 바탕으로 여러 나라와 교단들의 후속 연구가 계속되고 있는 것도 종교의 자유경쟁 원칙에 놓여있는 한국의 교계에 이 이론의 적용 가능성을 보여주는 한 실례라고 말할 수 있다.

# 제4장
# 초대 기독교 공동체의 성공과 합리적 종교 선택이론

다마스쿠스의 그리스 정교회가 세운 사도 바울 회심교회

"오직 한 분이신 참된 신만이 도덕적인 가르침에 합당한 종교적인 원리를 제공할 수 있으며,… 실로, 영생을 약속한다."

스타크, *Cities of God* 중에서

"기독교는 '요람에서 무덤까지' 총체적으로 책임지는 강력한 유일신 체제를 취하고 있어 다른 전통적인 종교에 비해 훨씬 경쟁력을 가지게 되었다."

스타크, *Acts of Faith* 중에서 '기독교의 유일신 체제의 이점'을 설명하며

## I. 초대 기독교 공동체 연구

### 1. 종교사회학적 접근

"초대기독교 공동체의 성공 이유는 무엇인가?" "초대 기독교의 성장을 산술적으로 기술하는 것이 가능한가? 위의 두 질문은 유대교의 한 분파(sect)로서 시작된 것으로 여겨지는 기독교가 400여 년을 지나면서 로마제국의 공식 국교(384년)가 된 과정을 연구하는 학자들에게는 줄곧 어려움을 안겨다 주는 주제였다. 초대 기독교가 독특한 정체성(유대교에 대해 기독교가 어떻게 다른지 변증하는 사도 바울의 노력들을 생각해 보라)을 가진 단체로 등장하기에 앞서 유대교 안에는 이미 다양한 분파들이 존재했다. 이들 분파들은 유일신 사상과 유대교의 전통생활 방식을 지키는 한 그 사회에서 존재할 수 있었는데, 스타크는 이 분파가 속한 사회 환경과 그 신앙 사이의 긴장 강도에 따라 유대교의 주요 분파들을 다음과 같이 구분한다. 가장 긴장관계가 낮은 분파는 사두개인, 중간 정도의 긴장관계에 해당하는 바리새인, 높은 긴장관계를 유지하는 엣센파이다.[1]

---

1) Rodney Stark, *The Triumph of Christianity: How the Jesus Movement Became the World's Largest Religion* (New York: HarperCollins Publishers, 2011), 38-43; F. F. 부르스/서영일 역,《초대교회 역사》(서울: 기독교문서선교회, 1986), 88-101. 스타크의 교회, 분파, 이교의 이론에 대한 보다 자세한 내용은 김태식의 "로드니 스타크의 교회(Church), 분파(Sect), 이교(Cult) 이론 이해와 의의: 기독교의 사회적 형태에 대한 종교사회학적 이해," 〈역사신학논총〉 22집(2011): 127-56; 트뢸치의 교회, 분파의 특성에 대해서는 김주한, "종교개혁은 교파분열의 발단인가?," 〈한국교회사학회지〉 28집(2011): 197-219; 스타크의 신흥종교들이 성공한 8가지 모델을 적용하여 여의도순복음교회를 연구한 배덕만, "여의도순복음교회의 성장에 대한 소고," 《21세기에 읽는 오순절신학》(대

이러한 다양한 종교적, 사회적인 배경 아래에서 출발한 초대기독교 공동체가 그리스, 로마의 종교들과 수많은 동방종교들을 제치고 로마의 국교가 된 이유에 대해 많은 학자들이 관심을 기울였다. 일반적으로 기독교의 자선, 강력한 유일신 사상, 핍박 앞에서의 불굴의 신앙, 여러 가지 신앙 의식(침례 혹은 세례, 주의 만찬) 등이 성공의 이유로 제시되기도 했다. 또한 기독교가 실제적으로 어떠한 과정을 거쳐 성장했으며 이 성장과정에서 어떤 특징을 보였는지에 대한 질문이제기되었는데, 실례로 아돌프 하르낙(A. von Harnack, 1852-1930)이 처음으로 기독교의 팽창을 산술적인 기술로 시도한 이후, 여러 학자들에 의해 보다 진일보한 수치가 발표되었다.[2]

먼저 초대 기독교의 승리 이유에 대해, 20세기 이전까지는 전통적인 섭리사관이나 성서의 내용에 제한하여 연구하는 것이 지배적이었다. 하나님의 인류 구원을 위한 섭리나 구속 사역을 중심으로 한 전통적인 섭리사관은 초대 기독교와 구약의 전통을 너무 동일시함으로써 유대교와 기독교의 구분을 애매하게 만들게 되었다. 따라서 19세기 중, 후반기의 대표적인 교회사가인 필립 샤프(Philp Schaff, 1819-1893)는 기독교의 역사를 "하나님의 구원 계획의 전개"라고 정의하되, 하나님의 계시와 인간의 경험적인 연구를 결합하여 보다 진일보한 교회사 연구를 위해 1888년 미국교회사학회(the American Society of Church History)를 결성하게 된다.[3] 이러한 시도 하에서

---

전: 복음신학대학원대학교출판부, 2009): 265-97를 참조할 것.
2) A. von Harnack, *Die Mission und Ausbreitung des Christentums in den ersten drei Jahrhunderten* (1902). Adam M. Schor, "Conversion by the Numbers: Benefits and Pitfalls of Quantitative Modelling in the Study of Early Christian Growth," *Journal of Religious History* 33-4 (Dec 2009): 472.
3) Henry Bowden, *Church History in the Age of Science: Historiographical Patterns in the United States 1876-1918* (Chapel Hill, N.C.: The University of

초대 기독교 공동체를 여성(인종 포함)의 관점과 심리학적인 관점, 인구학적인 관점을 포함하여 사회, 경제, 정치, 문화적인 요소를 포함하는 종교사회학적인 관점에서 기독교 역사를 연구하는 방법이 19세기 중 후반기부터 주목을 받게 되었다. 주로 독일에서 공부한 C. K. Adams, Moses Coit Tyler, Herbert Baxter Adams, Ephraim Emerson, Williston Walker, Walter Rausenbush 등과 같은 학자들로, 이들은 기독교의 역사를 과학적이고도 객관적으로 연구할 수 있다고 주장하며 교회사와 사회학과의 만남을 시도하게 된다.[4]

종교에 대한 이러한 종교사회학적인 접근방법은 종교의 진리는 어떤 것이라고 설명하지 않는 대신에 "우리 모두가 볼 수 있는 이 세계 속에서 종교가 취하는 사회적인 형태들," 다시 말해서 종교의 가시적인 측면들(visible aspects)을 주로 발견하려고 노력한다. 따라서 종교에서의 사회적인 측면을 강조하는 학자들은 이론의 여지가 많은 종교의 불가시적인 영역들 대신 비교적 객관성을 지닐 수 있는 종교의 가시적인 측면들에 집중하는 경향이 짙다고 말할 수 있다.[5]

---

North Carolina Press, 1971), 48-59.

4) Henry Bowden, *Church History in the Age of Uncertainty: Historiographical Patterns in the United States 1906-1990* (Carbondale: Southern Illinois University Press, 1991), x. 초대 기독교 여성의 역할에 대해서는 Rodalyn F. T. Murphy, "Gender Legacies: Black Women In The Early Church-An Ethno-Historical Reconstruction," *BT* 7-1 (2009): 10-30; 초대 기독교의 성장과 기원을 예수의 십자가 사건 이후의 신자들의 외상후스트레스증후군(post-traumatic stress disorder, PTSD)으로 해석한 Joanna Collicutt McGrath, "Post-traumatic growth and the origins of early Christianity," *Mental Health, Religion & Culture* 9-3 (June 2006): 291-306; 미국종교사회학의 형성 과정과 주요 내용에 대해서는 저자의 다음 논문을 참조하라. 김태식, "로드니 스타크의 종교의 합리적 선택이론: 개인과 사회적인 신앙(교회) 상호관계의 기초 원리에 대한 종교사회학적 접근,"〈한국교회사학회지〉31집(2012): 207-240; Finke and Stark/김태식 역,《미국종교시장에서의 승자와 패자》(서울: 서로사랑, 2009).

## 2. 초대 기독교 공동체와 스타크

미국의 대표적 종교사회학자인 스타크는 이러한 종교사회학적인 측면에서 초대 기독교 공동체의 성공을 분석하면서, 그의 유명한 합리적 종교 선택이론을 적용한다. 이 이론의 주요 내용은 사람들은 다른 삶의 방식과 마찬가지로 종교적인 행동을 할 때도 합리성에 근거하여 행동하려는 경향이 지배적이라는 것이었다. 특히 경제활동에서와 같이 '수요'와 '공급'의 법칙에 따라 투자(헌신, 희생) 대비 보상(현세적 그리고 내세적인 보상으로 종교적인 만족, 축복, 인정, 영생 등)을 극대하기 위해 합리적으로 선택하며, 이에 따라 종교(교단 혹은 교회)의 성패가 결정된다는 이론이었다.[6] 이 이론에 따르면, 종교는 죽은 것이 아닌 살아 있는 "사회적인 정신"(social enterprise)으로, 종교는 신자들과 그 대상간에 사회적으로 교환 관계(헌신과 보상)가 형성될 때에만 인간사에 그 중요성을 갖는다.[7]

위의 이론을 바탕으로 스타크는 초대 기독교 공동체가 다른 종교와 달리 신학적인 측면(유일신론 및 기록된 성서)과 사회적인 측면(친밀한 네트워크 형성, 자선과 사회적인 개혁, 여성 성도의 지위고양)에서 그 당시의 많은 사람들의 종교적인 욕구를 충족시켰다고 보

---

5) Stark and Bainbridge, *The Future of Religion: Secularization, Revival and Cult Formation* (Berkeley and Los Angeles, Calif.: University of California Press, 1985), 14.
6) Rodney Stark and Roger Finke, *Acts of Faith: Explaining the Human Side of Religion* (Berkeley and Los Angeles and London: University of California Press, 2000), 38. 김태식, "로드니 스타크의 종교의 합리적 선택이론: 개인과 사회적인 신앙(교회) 상호관계의 기초 원리에 대한 종교사회학적 접근"을 참조하라.
7) Stark and Bainbridge, "The Future of Religion: Secularization," *Revival and Cult Formation*, 343.

았다. 물론 스타크 이전에도 몇몇 학자들이 주목할 만한 사회과학적인 연구 결과들을 내어 놓았다. 실례로 하르낙은 초대 기독교 공동체(2세기까지에 있어서)에서 개종한 사람들은 주로 유대인들이었다고 주장했으며, 피셔(Fischer)는 기독교화된 도시들의 크기에 대해 산술적으로 분석하였다. 스타크는 이 두 학자들의 견해에 근거하여 자신의 연구를 진행한다.[8]

스타크는 초대 기독교의 역사 연구에서 가장 큰 난점인 신뢰할 만한 통계가 거의 없다는 한계를 극복하고(그 이유는 고대 사람들이 숫자를 거의 모으지 않았고 혹시 모았더라도 현재에 존재하지 않기 때문) 초대 기독교 공동체의 역사 연구에 수량적인 기술(컴퓨터 시뮬레이션)을 적용하여 AD 40년-AD 350년 사이의 기독교 인구와 총 인구 대비 기독교인의 비율을 추정해 낸다.[9] 성서의 내용 이외에 지리학적, 인구학적, 심리학적, 사회, 경제, 정치학적인 가능한 모든 요소들에 기초하여 예수의 사후 300년이 지난 시기에 기독교가 도시에서 다수가 된 이유를 분석한 점은 이 분야에서 큰 공헌을 했다는 평가를 받기에 충분하다. 이러한 연구 결과는 그 이전에 부분적으로 연구되었던 학자들의 견해를 뛰어넘는 것이었다. 물론 수많은 찬사와 동시에 비판도 줄을 이었다.

---

8) Jack T. Sanders, "Christians and Jews in the Roman Empire: A Conversation with Rodney Stark," *Sociological Analysis* 53-4 (1992): 433.
9) Stark, *Cities of God: The Real Story of How Christianity Became An Urban Movement And Conquered Rome* (New York: HarperCollins Publishers, 2006), 63.

## II. 초대 기독교 공동체의 성공 이유와 합리적 종교 선택 이론

초대교회의 역사 연구에서 기념비적이라고 평가받아 플리쳐 상 후보와 "그 해의 훌륭한 책"으로 선정되었던 《기독교의 부흥》(*The Rise of Christianity*, 1996)에서 스타크는 자신의 목적을 다음과 같이 밝히고 있다.

> 나는 이 책에서 특별히 종교와 종교운동들에 관한 나 자신의 이론들을 사용하면서 현대의 사회과학적인 이론들로부터 많은 추론들에 근거하여 기독교의 부흥을 재구성하려고 시도할 것입니다.… 나는 여러 가지 전제들을 검토하기 위해서 가능한 것과 있을 법한 것들에 대한 산술적인 수치를 종종 사용할 것입니다.[10]

스타크는 이 책에서 40-350년 사이의 기독교 인구와 총 인구 대비 기독교인의 비율을 추정해 발표했다. 그의 추정치에 따르면, 로마제국의 총 인구를 6천만 명으로 추정할 때, 40년에는 기독교인이 1,000명(총 인구 대비 0.0017%)에 불과 했지만 100년에는 7,530명(0.0126%), 150년에는 40,496명(0.07%), 200년에는 217,795명(0.36%), 250년에는 1,171,356명(1.9%), 300년에는 6,299,832명(10.5%), 350년에는 33,882,008명(56.5%)으로 급성장했다.[11] 이러한

---

10) Stark, *The Rise of Christianity: How the Obscure, Marginal Jesus Movement Become the Dominant Religious Force in the Western World in a Few Centuries* (New York: HarperCollins Publishers, 1996), 27.
11) Stark, *The Rise of Christianity: How the Obscure, Marginal Jesus Movement Become the Dominant Religious Force in the Western World in a Few Centuries*, 7. 2007년의 자료에는 이전의 통계(1996년)를 수정하여 발표하였

초기 기독교 공동체의 성장은 10년 마다 평균 40% 정도 성장했으며 특별히 3세기 후반 이후 놀라운 성장세를 보여주고 있다. 스타크는 이러한 놀라운 성장의 배경에는 다른 종교와 달리 초기 기독교 공동체만이 가지고 있었던 독특한 요소들이 있었다고 주장한다. 바로 신학적인 요소와 사회학적인 요소이다.

초대 기독교 공동체는 정치, 종교, 사회적으로 혼란했던 로마제국에서 시작되었다. 정치적으로는 로마제국이 강력하게 지중해 일대를 다스리고 있었고, 종교적으로는 그리스의 신전과 여러 사원으로 대표되는 그리스-로마의 전통 종교와 새로 유입된 동방의 종교(Cybele, Isis, Mithra) 등이 확산되고 있던 다신론의 세계였다. 사회적으로는 수많은 재난과 전염병이 창궐하고 여성과 어린아이들과 노예들의 생존권이 위협받고 있었던 상황이었다. 이러한 복잡한 환경 속에서 초대 기독교 공동체는 4세기에 이르자 다른 종교들과 비교해 볼 때 승리한 종교가 된다. 이러한 결과는 초대 기독교 공동체가 가지고 있었던 신학적인 특성과 사회학적인 특성 때문이었으며, 이러한 특성들이 기독교의 주요한 승리의 원인이 되는 과정에 합리적 종교 선택이론이 작용했다고 스타크는 주장한다.

## 1. 신학적인 측면

스타크는 먼저 초대 기독교 공동체의 성격을 설명한다. 그는 초대

---

다. 40년(1,000명), 50년(1,397명), 100년(7,434명), 150년(39,560명, 0.07%), 180년(107,863명, 0.18%), 200년(210,516명, 0.35%), 250년(1,120,246명, 1.9%), 300년(5,961,290명, 9.9%), 312년(8,904,032명, 14,8%), 350년(31,722,489명, 52,9%). 매년 3.4%성장률을 보이고 있다. Stark, *Discovering God: The Origins of the Great Religions and the Evolution of Belief* (New York: HarperCollins Publishers, 2007), 313.

기독교 공동체는 유대교에 뿌리를 둔 한 분파로 시작되었다고 보았다. 전통적인 유대교가 내세적인 보상(compensators)보다 현세적인 보상(rewards)을 강조하며 사회환경과 자신들의 신앙 사이의 긴장 강도를 낮추게 되자, 개혁을 추구하는 다양한 새로운 분파들이 유대교 안에 존재하게 되었다.

가장 긴장 관계가 낮은 분파는 공식적인 성전 관리인으로 인정받았던 사두개인으로, 이들은(쓰여진 율법만을 믿었던) 성전 체제 하에서 독점체제를 유지하며 영혼 불멸이나 육체 부활과 같은 신앙을 믿지 않는 세속적인 신앙을 소유하고 있었고 하나님은 오직 이 땅에서 우리에게 보상을 주실 것이라고 믿었다. 중간 정도의 긴장 관계에 해당하는 그룹은 바리새인들로, 이들은(쓰여진 율법과 구전 모두를 믿었던) 유대교의 전통을 유지하면서도 로마에 협력할 것을 가르쳤으며(마 22:15-22, "황제의 것은 황제에게 하나님의 것은 하나님에게"), 이스라엘에 회당을 설립하여 중앙집권화된 성전의 사두개인들에 의해 공격의 대상이 되었다. 가장 높은 긴장 관계의 그룹은 엣센파로, 이들은 금욕주의를 특징으로 하는 쿰란 공동체를 형성하며 로마에 대항하여 폭동을 일으켰던(66-74) 혁명적인 급진세력이었다.[12]

스타크는 초기의 기독교 공동체도 '나사렛 당'(마 26:73)으로도 불렸으며 유대교의 생활방식을 지키려고 노력한 하나의 분파로 시작했다고 주장한다(초대 기독교 공동체의 형성 과정에 있어서 사도 바울 이전과 이후의 시기에 상당한 차이점이 존재한다). 유대교의 여러 분파들 가운데 특별히 초대 기독교 공동체가 성공할 수 있었던 이유는 전통적인 유대교의 신앙이었던 유일신 사상을 강조하여 그 당시의 여러 종교들과의 경쟁 속에서 수많은 사람들을 기독교로 개종

---

12) Rodney Stark, *The Triumph of Christianity: How the Jesus Movement Became the World's Largest Religion*, 38-43.

(conversion)시키는 데 성공했기 때문이라고 주장한다.

스타크는 개종을 "어느 한 개인의 본성과 가치의 긍정적인 변화로 설명될 수 있는 것으로서, 한 개인이 새로운 종교 그룹에 가입하는 것"(정의 87, affiliation of a person to a new religious group, conceptualized as a positive transformation of the nature and value of a person)으로 정의한다.[13] 이러한 새로운 종교의 개종(유대교에서 기독교로의 개종을 포함하여)은 합리적 종교 선택이론의 한 내용처럼 새로운 그룹 구성원들이 이전의 구성원들보다 훨씬 강한 결속력을 가질 때에 일어나는 것으로, 초대 기독교 공동체의 성공은 그 당시의 신학적, 사회적, 환경적인 요소와 밀접하게 관련되어 있었다고 주장한다.[14]

스타크는 개종이란 한 개인의 근본적이며 초자연적인(비과학적인) 변화로 간주하고 한 사람이 개종을 하기 위해서는 7가지 단계를 거친다고 주장한다. 1) 극도의 긴장감을 느끼면서도 인내하는 단계; 2) 내적으로 종교적인 문제를 해결하려는 욕구가 생김; 3) 자신을 종교적인 구도자로서 여기게 됨; 4) 삶의 전환기에 새로운 지도자를 만나게 됨; 5) 새로운 그룹 내에서 다른 개종자들과 우호적인 유대감을 형성하게 됨; 6) 이교의 특징인 특별한 결속력(attachments)이 약해

---

13) 합리적 종교 선택이론에 대한 보다 자세한 내용에 대해서는 저자의 논문 "로드니 스타크의 종교의 합리적 선택이론: 개인과 사회적인 신앙(교회) 상호관계의 기초 원리에 대한 종교사회학적 접근"을 참조하라. 스타크는 이전에 개종을 사회적인 접촉과 관련지어 "그 사람의 친구들의 견해들을 받아들이는 것"으로도 정의한 바 있다. L. Michael White, "Sociological Analysis of Early Christian Groups: A Social Historian's Response," *Sociological Analysis* 47-3 (1986): 260.

14) "free church"는 "값싼 은혜"(free grace)와 동일한 개념으로 행위(비용)가 수반되지 않은 신앙행위(이익)를 가리키는 단어이다. Stark, *The Rise of Christianity*, 18.

짐; 7) 스스로 이동 가능한 주체(deployable agent)가 될 경우, 강한 상호작용(intensive interaction)을 하게 됨.[15]

## 다신론 대 유일신론

앞서 언급했듯이 초대 기독교 공동체가 처해 있던 종교적인 상황은 다신론적인 사회였다. 즉, 종교적으로 자유롭게 경쟁할 수 있는 "자유시장체제"(free marketplace)였다.[16] 유대교 뿐만 아니라 로마 제국 안에서 그리스-로마의 전통 종교와 동방에서 새로 유입된 동방종교가 세력을 떨치고 있었다. 역사학자 헤시오도스(Hesiods)에 따르면, 그리스-로마의 세계에는 대략 30,000여 개의 신들이 있었고 대부분의 주요 도시에는 15-20여 개의 신들과 여러 신전들과 사당들이 존재했다. 이러한 전통 종교들은 주로 소수 부자들의 기부나 국가 보조에 의존하여 종교의 독과점(religious monopoly) 체제를 띠게 되었고 경쟁을 막기 위해 국가의 강제적인 힘을 사용하였다. 결국 이러한 전통 종교들은 소수의 엘리트들(정의 51: "한 종교기관의 교환 비율을 통제하는 그룹")에 의해 지배되고 그 종교에 속해 있는 일반 대중들은 그 종교를 개혁하려는 열의를 가질 수 없게 되어 대중의 참여도가 약화된다. 따라서 필연적으로 종교의 가장 중요한 특징인 내적인 헌신도와 참여도가 사라진 '공짜 종교'(free church)로 전락하게 된다.[17] 종교적인 독점 상태에서는 대중들의 참여도가 낮아진

---

15) Stark and Bainbridge, *A Theory of Religion* (New York: Peter Lang, 1987), 197, 200. 초대 기독교가 분파가 아니었다는 주장 또한 제기된다. 이의 논의에 대해서는 결론 부분에서 다루어 질 것이다.
16) Rodney Stark, *The Triumph of Christianity: How the Jesus Movement Became the World's Largest Religion*, 13.

다는 스타크의 이론이 적용되는 지점이다(명제 60).

이러한 종교체제에서는 한 사제가 동시에 여러 사당들을 섬기며 그 신분 또한 주로 세습되어 사제들의 헌신도가 결여된다. 이 사제들은 더 이상 신자 개인들의 영적 생활에 무관심하며, 예배 의식 또한 공적인 의식으로 전락되고 만다. 따라서 이러한 신들은 개인들의 신이 아니라 국가의 신들이었으며 자신들의 주장이나 교리들을 확립하기 위해 쓰여진 문서(경전)가 없는 생명력이 없는 종교가 되었다는 것이다.[18] 더욱이 전통적인 그리스 - 로마의 신들은 거짓말, 도둑질, 강간, 간통, 배신, 고문과 같은 부도덕한 행위들을 일삼아 그 신들을 믿고 있는 인간들에게 엄격한 도덕률을 제공할 수 없는 '믿을 수' 없는 종교가 되어 사람들이 높은 가격을 지불하기를 거절하는 종교로 전락하고 만다(명제 10).[19] 따라서 신자들에게 영적인 만족이나 도덕률을 제공할 수 없게 된 그리스 - 로마의 전통적인 다신교들은 영생과 같은 것들을 제공할 수 없게 되어 신자들에게 헌신을 비롯한 많은 희생들을 요구할 수 없는 '값 싼' 종교들이 된다(명제 13).[20] 이러한 다신론 체제에서는 신들의 수가 너무 많았고 그 신들조차도 무능하여 신자들의 예배가 단순히 "신을 구경하는 일"(God-Shopping)로 전락되었다고 스타크는 주장한다.[21] 한마디로 그리스 - 로마의 다신

---

17) 일반적으로 종교의 독과점 체제는 그 종교가 속해 있는 국가와 동맹관계를 통해 쉽게 얻을 수 있다. "Stark and Bainbridge," *A Theory of Religion*, 95, 102; Stark, *Discovering God: The Origins of the Great Religions and the Evolution of Belief* , 121-2.

18) Stark, *Cities of God: The Real Story of How Christianity Became An Urban Movement And Conquered Rome*, 31-34; Stark, *Discovering God: The Origins of the Great Religions and the Evolution of Belief*, 129-30.

19) Stark and Finke, *Acts of Faith*, 97; Stark, *Discovering God: The Origins of the Great Religions and the Evolution of Belief*, 129.

20) Stark and Finke, *Acts of Faith*, 99-100.

론은 종교기관이 점차적으로 영향력을 상실하는 과정인 세속화의 과정을 밟았다는 것이다(정의 104).[22]

독과점 체제였던 전통적인 그리스-로마의 신들이 경쟁력을 상실한 채 자신들의 종교시장을 빼앗기고 있을 때, 동방으로부터 수입되어 들어온 이시스(Isis), 퀴벨레(Cybele), 미트라(Mithra), 바커스(Bacchus)와 같은 동방의 종교들은 전통적인 그리스-로마의 종교들보다 더욱 개인들의 영적인 삶(창조주, 부활, 영생)과 개인의 도덕적인 의무들에 관심을 기울였다. 예배 또한 더욱 축제적인 성격을 띤 보다 감정적인 신앙이었으며, 기쁨과 엑스타시, 열정으로 충만한 종교였다.[23] 이러한 동방 종교들의 성격은 여러 가지 면에서 초대 기독교와 유사했으나 이 동방 종교들은 모두 다신론 체제로 주변의 여건에 관용적이며 상황에 순응하는 다신론 체제의 특성상 결국 유대교와 기독교가 제공할 수 있는 강력한 요소들은 제공할 수 없었다고 스타크는 주장한다.

스타크는 그리스-로마의 전통 종교나 동방의 종교들과 달리 초대 기독교 공동체가 성공할 수 있었던 중요한 요인들 중 하나는 일신론 신앙 때문이었다고 지적한다. 한 분이신 참된 신(One True God)에 근거하고 있는 일신론만이 그 신앙을 소유하고 있는 신자들에게 강하고 경쟁이 있는 종교기관을 제공하고 전도활동에 참여할 수 있게 해주었다는 것이다.[24]

---

21) Stark and Finke, *Acts of Faith*, 96; Stark, *Cities of God: The Real Story of How Christianity Became An Urban Movement And Conquered Rome*, 114. 스타크는 "신을 구경하는 일"이 다신론 체제의 전형적인 모습이라고 주장한다.
22) 세속화란 "종교적인 기관들이 점차적으로 힘을 상실해가는 것"(정의 104)으로 정의된다. Stark and Bainbridge, *A Theory of Religion*, 293.
23) Stark, *Cities of God: The Real Story of How Christianity Became An Urban Movement And Conquered Rome*, 49, 112.

알고 돌볼 수 있는 한 분이신 참된 신은 평생의 참여와 헌신을 일으킬 수 있다. 결국, 이러한 신만이 국가에 의해 설립된 종교에 참여하고 있는 사람들을 지속적이고도 활동적으로 참여하고 헌신할 것을 요구할 수 있고 또한 믿지 않는 사람들을 전도할 수 있도록 동기를 부여하고 심지어는 요구까지 할 수 있다. … 오직 한 분이신 참된 신만이 도덕적인 가르침(order)에 합당한 종교적인 원리를 제공할 수 있으며,… 실로, 영생을 약속한다.[25]

위에서 언급한 것처럼, 유대교와 기독교가 로마제국 하에서 성공할 수 있었던 원인은 철학적인 신(아리스토텔레스의 '부동의 동자'와 같은)이나 다신론이 제공할 수 없었던 도덕이나 영생과 같은 약속들을 제공했기 때문이었다.[26] 그리스 - 로마의 다신론 체계 안에서는 인간사의 여러 부분(출생, 성장, 결혼, 출산, 죽음, 사후)을 다루는 각각 다른 신들이 존재하여 강력한 구심점이 결여된 반면, 기독교는

---

24) 스타크는 신들을 "의식과 욕구의 속성들을 가지고 있는 초월적인 존재들"(정의 44)로, 종교를 "초월적인 전제들에 기초한 보편적인 내세적 보상들의 체계"(정의 22)로, 종교기관을 "초월적인 전제들에 기초한 보편적인 내세적 보상들을 창조하고, 유지하고, 교환하는 것이 주목적인 사회적인 단체"(정의 23)로 정의한다. Stark and Bainbridge, *A Theory of Religion*, 39, 42, 82; Stark and Bainbridge, *The Future of Religion*, 8; Stark, *Cities of God: The Real Story of How Christianity Became An Urban Movement And Conquered Rome*, 33.
25) Stark, *Cities of God: The Real Story of How Christianity Became An Urban Movement And Conquered Rome*, 115-7.
26) Sara Miller, "Why Monotheism Makes Sense Rational Choice." *Christian Century*, 121, no. 12(Je 15 2004): 30-6. 밀러는 일신론 신앙이 가지는 특징을 세 가지로 설명한다. 첫째, 한 분이신 참된 신은 오합지졸인 작은 신들과 비교해 볼 때 더욱 매력적이다. 둘째, 역사적으로 일신론이 다신론을 항상 압도했다. 셋째, 철학적인 의미에서 기독교와 유대교는 모든 만신전(pantheon)보다 로마 사람들에게 훨씬 믿을 수 있는 설명을 제공했다. 특히 하나님이 돌보신다는 믿음을 제공했다. 특히 32페이지 설명을 참조하라.

"요람에서 무덤까지" 총체적으로 책임지는 강력한 유일신 체제를 취하고 있어 다른 전통적인 종교에 비해 훨씬 경쟁력을 가지게 되었다는 것이다.[27]

## 기록된 성서

초대 기독교 공동체가 성공한 신학적인 요인들 중 두 번째는 기록된 성서이다. 먼저 스타크는 세계적인 종교라고 인정받고 있는 유대교, 기독교, 회교는 모두 쓰여진 경전을 소유하고 있다고 주장한다.[28] 전통적인 그리스-로마의 종교들이 체계화된 경전이 없었던 반면 초대 기독교 공동체는 출발부터 강력한 도덕적인 명령들(구약과 율법을 포함하여)의 문서인 성경을 가지고 있었다는 점은 가히 혁명적이었다고 보고 있다. "네 이웃을 네 몸같이 사랑하라", "받는 것보다 주는 것이 더욱 복되도다", "나의 가장 작은 형제에게 하는 것이 곧 나에게 하는 것이다", "병든 자, 고아, 과부를 돌보라" 등과 같은 도덕적인 명령들은 단순한 구호를 넘어 기독교인이라면 반드시 지켜야 하는 것들이었다. 초대 기독교 공동체는 이러한 명령들을 담고 있는 성서를 가지고 있었다.[29] 강력한 도덕적인 명령들을 가르치고 있는 경전(성서)은 그 당대의 지성인들에게 큰 만족을 주게 되었다. 새로운 종교운동의 성패는 배우고 가진 자들을 얼마나 끌어들일 수 있는지에 좌우된다는 스타크의 이론이 적용되는 부분이다.[30]

성문화된 구약뿐만 아니라 예수의 생애와 가르침, 사도 바울의 가

---

27) Stark and Finke, *Acts of Faith*, 99.
28) Stark, *Cities of God: The Real Story of How Christianity Became An Urban Movement And Conquered Rome*, 13, 114.
29) Ibid., 3-31.

르침까지도 그리스-로마의 전기 형태로 이미 기록되었고 초대교회들은 그것들을 가지고 있었다. 곧 복음서와 바울의 서신서들로 기록된 성서는 초대 기독교 공동체가 정체성을 확립해 나가는데 중요한 역할을 감당하게 된다.[31] 유대교와 기독교의 결합은 2세기를 정점으로 4세기까지 지속되었다고 스타크는 보고 있다. 하지만 바울 이후의 기독교인들은 신약과 구약의 두 가지 전통 사이에 상호 모순되는 가르침에 처하게 되자 이 문제를 해결하기 위해 다양한 시도들을 행하게 된다. 구약의 전통을 배제하고 기독교의 신앙을 확립하려 했던 2세기의 마르시온(Marcion, 84-160)과 유대인들에게 기독교로 개종할 것을 주장했던 4세기의 존 크리소스톰(John Chrysostom, 347-407)의 주장들을 스타크는 예루살렘 성전 파괴 이후, 기록된 말씀과 유일신 신앙 체제와 함께 초대 기독교 공동체가 유대교를 떠나서 보다 독자적인 정체성을 확립해 나가는 대표적인 시도로 해석한다.[32]

결국 초대 기독교 공동체가 성공할 수 있었던 원인은 그리스-로마의 종교와 동방의 종교와는 달리 강력한 일신론을 견지했고 문서화된 성서를 가지고 있기 때문이었다. 하지만 유대인들의 봉기(66-74)와 뒤 이은 바-코흐바의 봉기(Bar-Kokhbar, 132-135)에 기독교인들이 협조하지 않자 교회와 회당은 완전히 분리되어 기독교로 개종하는 유대인들의 수가 급감하게 되자 자연적으로 지금의 기독교인들이 주류를 이루게 되었다고 주장한다.[33]

---

30) Stark and Bainbridge, *The Future of Religion*, 409.
31) Rodney Stark, *The Triumph of Christianity: How the Jesus Movement Became the World's Largest Religion*, 50.
32) Stark, *The Rise of Christianity: How the Obscure, Marginal Jesus Movement Become the Dominant Religious Force in the Western World in a Few Centuries*, 63-71.

## 2. 사회학적인 측면

### 친밀한 네트워크 형성

기독교가 주로 성장한 지역은 시골지역보다는 소아시아, 이집트, 북아프리카와 같은 지중해의 동쪽이었다고 스타크는 주장한다. 이 지역들은 앞서 언급했듯이, 헬라어를 말하는 디아스포라 유대인들이 주로 거주했던 곳으로 복음이 쉽게 전해질 수 있는 (유대인 가족이나 친구들로 구성된) 사회적인 네트워크가 이미 잘 갖추어져 있었다. 따라서 개종을 한 사람들은 교리나 신학보다 이러한 사회적인 네트워크를 통해 영향을 받는다(명제 246)는 스타크의 종교이론과 일치한다.[34] 다시 말해서 구성원들 사이의 친밀한 유대 관계는 개종에 대한 거부감을 감소시키고, 그 구성원들이 얼마나 넓은 유대 관계를 형성하는가에 따라 종교기관의 성패가 좌우된다는 이론과 일치하는 것이다.[35]

스타크는 유일신론을 견지했던 기독교가 (초기의 유대교를 포함하여) 비교적 크게 성장했던 지역들에서 몇 가지 공통점을 발견한다. 첫째, 기독교가 성장한 지역들은 모두 동방종교가 우세한 지역들이었다. 유일신 사상만을 제외하고 기독교와 유사한 신앙 형태들을 띤 동방 종교들에 익숙했던 사람들은 그렇지 않은 지역보다 기독교를 받아들이는데 별 어려움이 없었다. 실례로 스타크는 기독교가 등장

---

33) Rodney Stark, *The Triumph of Christianity: How the Jesus Movement Became the World's Largest Religion*, 77.
34) 명제 246: "종교적인 운동들을 확장하는 것은 이전에 존재했던 사회적인 관계라는 네트워크를 통해 퍼지는 전도활동으로 새로운 개종자들을 더욱 많이 얻게 될 것이다." Stark and Bainbridge, *A Theory of Religion*, 235.
35) Stark and Bainbridge, *The Future of Religion*, 407-17, 423.

하기 전에 가장 강력한 영향력을 행사하였던 동방의 종교인 이시스와 퀴벨레의 사원이 있던 도시들에 그렇지 않은 도시들보다 더욱 빨리 교회가 세워졌다는 통계를 제시한다(가설 4-3, 4-7, 4-8).[36] 둘째, 헬라어를 말하는 디아스포라 유대인들이 밀집해 있는 도시에서 기독교는 더욱 빨리 성장했다.[37] 신앙적으로나 정서적으로 유대교(일신론)를 믿고 있었던 디아스포라 유대인들은 아무런 종교적인 자산(religious capital, 어느 특별한 종교 문화에 대해 정통하게 되는 것과 그 문화에 속하는 것)이나 사회적인 자산(social capital, 사회적 유대관계)을 상실하지 않고서도(명제 29, 33, 34, 35) 기독교의 신앙을 받아들일 수 있었기 때문에, 4세기까지 기독교로 개종한 대부분의 사람들은 예루살렘과 비교적 가까운 거리에 살고 있었던 디아스포라 유대인들이었다는 것이다. 또한 이들이 주로 함께 모여 살았던 항구도시에 기독교의 교회가 집중되었다.[38] 다시 말해서 디아스포라 유대

---

36) Stark, *Cities of God: The Real Story of How Christianity Became An Urban Movement And Conquered Rome*, 93-5, 112-3. 실례로 퀴벨레의 사원이 있었던 도시들은 Alexandria, Ephesus, Sardis, Smyrna, Corinth, Byzantium, Pergamum, Syracus, Rome이었다. 퀴벨레 사원들과 기독교회의 관계에 대해서는, AD 100년경에 퀴벨레의 사원들이 있었던 도시들은 80%가, 퀴벨레의 사원들이 없었던 도시들은 24%가 한 교회를 가지고 있었다. AD 180년에는 20%대 38%였고, AD 180년에는 교회가 없는 비율은 0%대 38%였다(통계 4-3). Ibid., 231.

37) 기독교가 도시에서 성공하게 되자 개종하지 않은 시골지역의 사람들을 기독교인들은 'Pagan', 즉 '시골 사람'이라 불렀으며 1세기의 유대인들은 로마제국 전체 인구 중 10-15%였지만 그 중 거의 90%가 팔레스타인 밖의 도시에서 살았다고 스타크는 주장한다. Stark, *Cities of God: The Real Story of How Christianity Became An Urban Movement And Conquered Rome*, 2, 6.

38) Stark and Finke, *Acts of Faith*, 118-22; Stark, *The Rise of Christianity: How the Obscure, Marginal Jesus Movement Become the Dominant Religious Force in the Western World in a Few Centuries*, 50, 62, 136-7. 각 주요 도시

인들은 기독교로 개종해도 문화적인 연속성(구약의 신앙)을 유지할 수 있었기 때문에 잃을 것이 별로 없게 되어 쉽게 기독교로 개종했다고 스타크는 합리적 종교 선택이론을 들어 설명한다(명제 206).[39]

그러므로 스타크는 자신의 가설을 다음과 같이 정리한다: 가설 5-1: "예루살렘에 더욱 가까운 도시일수록, 이 도시들은 비교적 많은 디아스포라 유대인 공동체를 가지고 있었던 것처럼 보인다";[40] 가설 5-2: "디아스포라 유대인 공동체들은 항구 도시들에 정착하는 경향이 있었다"; 가설 5-3: "도시의 크기와 디아스포라 유대인 공동체들의 존재와는 비교적 아무런 관련이 없었다."[41] 스타크의 분석에 따르

---

들과 예루살렘과 로마와의 거리에 대해서는 특히 후자의 책 136-7를 참조하라.

39) 명제 206: "순응하는 일(conformity)에 위험이 적은 사람들은 새로운 내세적 보상들을 받아들일 때 비교적 보다 많이 얻고 보다 적게 잃는다." Stark and Bainbridge, *A Theory of Religion*, 191; Stark, *Cities of God: The Real Story of How Christianity Became An Urban Movement And Conquered Rome*, 127. 디아스포라 유대인들에게는 구원의 메시지는 메시아 약속의 실현이며 헬라인들에게는 기독교와 헬라철학은 상이하지 않다고 기독교인들은 강조했다. 다시 말해서, 초대 기독교 공동체는 디아스포라 유대인들에게 유대교의 자산과 헬레니즘의 자산을 동시에 유지하는 것을 가능하게 하였다. Stark, *Cities of God: The Real Story of How Christianity Became An Urban Movement And Conquered Rome*, 128.

40) 스타크의 분석에 따르면, AD 100년경에 한 교회를 가지고 있었던 지역은 예루살렘으로부터 1,000마일 이내의 도시들은 71%, 이 이상의 거리에서는 7%에 불과했다. AD 180년에는 29%대 36%였고, AD 180년에는 교회가 없는 비율은 0%대 57%였다. Stark, *Cities of God: The Real Story of How Christianity Became An Urban Movement And Conquered Rome*, 227. 통계 3-2를 참조하라.

41) Stark, *Cities of God: The Real Story of How Christianity Became An Urban Movement And Conquered Rome*, 122-3. 디아스포라 공동체들이 있었던 대표적인 도시들은 Alexandria, Caesarea, Salamis, Damascus, Antioch, Ephesus, Smyrna, Corinth, Rome 등이었다. 예루살렘과의 거리와 디아스포라 유대인 공동체의 관계에 대해서는, AD 100년경에 예루살렘으로부터 1,000마

면, 바울은 항상 헬라화된 도시들(주로 항구)을 선호했으며(가설 5-4, 5-5) 유대인 가정이나 회당에서 디아스포라 유대인들에게 복음을 전하고 환영을 받았다.[42]

바울이 디아스포라 유대인들을 중심으로 선교사역을 수행한 이유는 그들이 주로 가족이나 친척들로 구성된 사회적인 네트워크가 이미 성립되어 있었기 때문이었다(가설 5-7: "바울에 의해 선교된 도시들은 바울이 방문하지 않았던 도시들보다 빨리 교회들이 세워졌다").[43] 결국 유일신 신앙을 가지고 있었던 초대 기독교 공동체의 선교는 사회적으로 밀접한 관계에 있었던 디아스포라 유대인들에게 집중되었고 기독교가 로마의 국교가 된 이후(384년) 기독교가 괄목할 만한 성장을 했다는 결론에 스타크는 도달하게 된다.

---

일 이내의 도시들은 47%가, 그 이상의 거리가 떨어져 있는 도시들은 7%만이 비교적 규모가 큰 유대인 공동체를 가지고 있었고, 그리 크지 않은 유대인 공동체를 가지고 있는 비율은 53%대 93%였다(통계 5-1). Ibid., 235.

42) 항구도시와 내륙의 도시와의 관계에 대해서는, AD 100년경에 한 교회를 가지고 있었던 지역은 항구도시가 64%, 내륙도시는 24%였다. AD 180년에는 22%대 41%였고, AD 180년에는 교회가 없는 비율은 14%대 35%였다(통계 3-1). 헬레니즘화와 기독교화의 관계에 대해서는, AD 100년경에 아주 헬레니즘화된 도시들은 63%가, 반면에 비교적 덜 헬레니즘화된 도시들은 8%가 한 교회를 가지고 있었다. AD 180년에는 37%대 25%였고, AD 180년에는 교회가 없는 비율은 0%대 67%였다(통계 3-3). 도시 크기와 기독교화의 관계에 대해서는, AD 100년경에 큰 도시들은 75%가, 반면에 비교적 작은 도시들은 30% 정도가 한 교회를 가지고 있었다. AD 180년에는 25%대 35%였고, AD 180년에는 교회가 없는 비율은 0%대 35%였다(통계 3-4). 바울은 항상 아주 헬레니즘화된 도시들(42%, 그렇지 않은 도시들은 0%)을 방문했으며(통계 5-4), 바울이 선교한 지역은 항구도시가 57%, 내륙의 도시들은 12%에 불과했다(통계 5-5). Stark, *Cities of God: The Real Story of How Christianity Became An Urban Movement And Conquered Rome*, 227-8, 237.

43) Stark, *Cities of God: The Real Story of How Christianity Became An Urban Movement And Conquered Rome*, 133.

## 자선과 사회적인 개혁

이러한 유대 관계를 기반으로 초대 기독교 공동체는 자연적인 재난(지진, 전염병)에 대해 새로운 해석을 제공하며 위기에 처한 사람들을 돌보게 된다. 그 당시에 인정받지 못하며 생존 위협을 받았던 여성, 유아, 고아, 과부, 병자 등과 같은 사람들의 인권을 신장시켜 줌으로써 기독교는 많은 사람들로부터 받아들여지게 되었다고 스타크는 주장한다. 먼저 자연적인 재해에 대해서 그 당시의 이교도들은 하나님의 징벌로 여겨 고난 당한 사람들을 회피한 반면, 카르타고의 키푸리안(Cyprian of Carthage) 같은 기독교인들은 전염병을 단순한 시험으로 여기라고 설명하면서 위로하고 고난당하는 사람들을 돌보아 주었다(약 1:27). 따라서 자연적인 재난 이후에 수많은 사람들이 기독교로 개종하는 효과를 얻을 수 있었으며, 재난 당한 사람들을 돌보았던 기독교인들 역시 면역력이 증가하는 부수적인 효과를 얻을 수 있게 되었다. 이러한 부수적인 효과는 기독교인들로 하여금 높은 생존율을 유지하게 하였고 결국 보다 많은 사람들을 기독교로 개종하는 일에 성공할 수 있었다.[44]

하지만 자연적인 재난보다 더욱 심각한 문제는 당시의 사회 여건이었다. 유아 살해 및 유기(遺棄, 주로 여아나 약한 남아가 그 대상으로 여아의 경우 재산의 분배를 막기 위해), 조혼(로마법에 따르면 여아는 12살이 되면 결혼 가능), 낙태 강요(원하지 않은 임신이나 40세 이상의 여성의 임신은 법으로 낙태 강요), 산아 제한(결혼을 중요하게 여기지 않았던 사회 분위기에 따라 임신을 피하기 위해 항문, 구

---

44) Stark, *The Rise of Christianity: How the Obscure, Marginal Jesus Movement Become the Dominant Religious Force in the Western World in a Few Centuries*, 75, 83.

강 성교, 체외 배설, 동성애, 여창과 남창제도 초래), 근친상간, 빈번한 재혼과 일부다처제 등 특히 여성들에게 불리했던 당시의 사회 여건들에 대해 기독교가 보여주었던 행동들은 혁명적이었다고 스타크는 주장한다.

초대 기독교 공동체는 낙태를 금지함으로써(디다케, 저스틴, 아데나고라스 등) 유아와 산모들의 건강을 지켜 기독교인들의 출산율을 높였으며 부부간에 정상적이지 않은 성 행위를 비판하였다(롬 1:26). 자연적으로 다른 종교보다 기독교 가정의 이혼율이 줄게 되었고 결국 교회 안에 많은 여성들이 남게 되는 결과를 낳았다. 또한 조혼(너무 어린 나이에 결혼하게 되고 출산하여 몸이 해롭게 되는)을 반대하여 기독교인 여성들은 보다 건강하고 안정적으로 아이들을 낳을 수 있는 여건을 제공하였다. 실례로, 스타크는 13살 이하의 로마의 소녀들 중 결혼 비율이 이교도인들은 20%인 반면 기독교인들은 7%에 불과했다는 연구 자료를 근거를 든다.[45] 이러한 결과 그리스 - 로마 세계에서는 출산할 수 있는 여성 수가 감소하여 출산율이 줄었고 여러 가지 피임도구들을 사용하여 여성보다 남성이 훨씬 많게 된 반면, 기독교는 정반대의 현상이 일어났다. 로마 전체의 인구는 현저하게 줄어든 반면 유독 기독교 인구만 크게 늘어났다는 것이다.

이렇게 교회 내에서 여성들이 많게 되자 (교회 내에서) 이교도인 남성들과 결혼하게 되는 기독교 여성들이 증가(베드로와 바울은 이를 허용했다, 벧전 3:1- 2; 고전 7:13- 14)하게 되었고 이에 따라 많은 남편들이 기독교로 개종하는 제2차적인 개종의 기회를 초대 기독교

---

[45] 13-14세는 24% 대 13%, 15-17세는 19% 대 32%, 18세 이상은 37% 대 48%였다. Stark, *The Rise of Christianity: How the Obscure, Marginal Jesus Movement Become the Dominant Religious Force in the Western World in a Few Centuries*, 107(도표 5.1), 124-8.

공동체는 가지게 되었다. 이들의 자녀들 또한 교회 내에서 교육받게 되어 자연적으로 기독교 신자 수가 급증하게 되었다.[46] 이교도인들과의 결혼과 기독교 여성들의 생존율과 출생률 증가로 기독교 공동체의 사회적 네트워크가 강화되자 트라잔 황제(Trajan, AD 53-117)는 이교도들에게 다산을 진흥하기 위한 정책(유아 보조금)을 펼쳤지만 기독교 인구를 따라잡기에는 이미 역부족이었다.[47]

### 여성 신자의 지위 고양

초대 기독교 공동체가 교회 안에서 여성들을 존중하라고 강조한 것 또한 기독교 성공에 큰 역할을 했다. 스타크에 따르면, 초대 기독교 공동체의 시기였던 처음 200여 년 동안 많은 그리스도인들 역시 공식적인 결혼생활보다는 단순한 동거 형태를 선호했다. 당시의 그리스-로마의 세계는 결혼을 중요하게 생각하지 않았으며 상류층일수록 결혼하지 않은 분위기가 지배적이었다.[48] 소유하고 있는 재산 분할을 원치 않았던 상류층의 사람들은 결혼(자녀 출산)을 기피하였고 여러 도시 안에는 정상적인 결혼생활을 방해하는 수많은 남창들과 창녀들이 존재하였다.[49] 이에 대해 기독교는 결혼을 기피하였던 남성 위주의 사회에서 공식적인 부부의 인연을 맺을 것과 남편과 아내 사이에 상호 존중하라고 가르쳤다.

그러나 음란에 빠질 유혹 때문에, 남자는 저마다 자기 아내를 두

---

46) Ibid., 89-101.
47) Ibid., 89-92, 115-6.
48) Ibid., 111, 123.
49) Ibid., 111, 117.

고, 여자도 저마다 자기 남편을 두도록 하십시오. 남편은 아내에게 남편으로서의 의무를 다하고, 아내도 그와 같이 남편에게 아내로서의 의무를 다하도록 하십시오. 아내는 자기 몸을 마음대로 주장하지 못하고, 남편이 주장합니다. 이와 마찬가지로 남편도 자기 몸을 마음대로 주장하지 못하고, 아내가 주장합니다. 서로 물리치지 마십시오.… 결혼하지 않은 사람들과 과부들에게 말합니다. 나처럼 그냥 지내는 것이 그들에게 좋습니다. 그러나 절제할 수 없거든 결혼하십시오. 욕정에 불타는 것보다는 결혼하는 편이 낫습니다. 결혼한 사람들에게 말합니다.… 주님의 명령입니다. 아내는 남편과 헤어지지 말아야 합니다. 만일 헤어졌거든, 재혼하지 말고 그냥 지내든지, 그렇지 않으면 남편과 화해해야 합니다. 그리고 남편도 아내와 이혼하지 말아야 합니다.… 어떤 신도에게 믿지 않는 아내가 있는데, 그 여자가 남편과 같이 살기를 원하면, 그 여자와 이혼하지 말아야 합니다. 또 어떤 아내에게 믿지 않는 남편이 있는데, 그가 아내와 같이 살기를 원하면, 그 남자와 이혼하지 말아야 합니다.… 하나님은 여러분을 평화롭게 살게 하려고 부르셨습니다. 아내된 이여, 그대가 그대의 남편을 구원할는지 어찌 압니까? 남편된 이여, 그대가 그대의 아내를 구원할는지 어찌 압니까"(고전 7:1-17).

스타크는 기독교 여성들이 이교도 여성들에 비해 사회(교회도 일종의 사회였다) 안에서 보다 큰 지위와 권력을 누렸다고 주장한다. 초대교회에서 기독교의 가장 강력한 경쟁 상대였던 미트라 신앙이 주로 남성 종교였던(남성들만 믿을 수 있었다) 반면, 기독교는 교회 내에서 여성의 역할을 인정하고 존중해 줄 것을 가르쳤다는 것이다(롬 16:1-2의 "우리의 자매 뵈뵈"; 롬 16:1-15의 "몇몇 여성들에게 문안 인사"; 딤전 3:11의 "여성 집사에 대한 언급").[50] 바울은 교회의 집사였을 뿐만 아니라 여러 사람들의 물질적인 후원자인 뵈베를 고린도 교회에 추천했으며(롬 16:1-2), 데살로니가에서는 "적지 않은" 귀부인들(행 17:4)이 있었다고 언급한 것을 볼 때, 기독교의 여성 지위의 향상과 여성 역할에 대한 강조는 더욱 많은 여성들이 초대교회로 들어오는데 큰 역할을 하게 되었다.[51]

## III. 생각할 점

종교에서의 합리적 선택이론을 중심으로 초대 기독교 공동체의 성공을 분석한 스타크의 시도는 많은 학자들로부터 찬사와 비판의 대상이 되었다. 긍정적인 평가로는, 첫째, 스타크는 경험적인 연구방법을 바탕으로 초대 기독교 공동체를 연구하며 자신의 합리적 종교 선택이론을 유행시켰다. 초대 기독교 공동체의 기원과 부흥 원인을 성경이나 기적적인 것에 의지하지 않고 기독교의 사회적인 측면이 강조되는 합리적 종교 선택이론을 적용하여 보다 객관성을 확보하였다. 초대 기독교 성장에 대한 산술적인 성장 수치를 제공한 것이 대표적인 실례이다. 또한 초대 기독교 공동체 역시 모든 분파와 마찬가지로 다수의 지적인 엘리트인들과 경제적인 여력을 가지고 있는 사람들을 주요 목표로 삼은 새로운 분파운동으로 시작하였으며 그 당대의 사람들이 합리적으로 선택할 수 있는 여러 가지 요소들(신학적, 사회학적)을 제공하여 급성장할 수 있었다.[52] 유일신론 사상, 쓰여진

---

50) Ibid., 107-11.

51) Stark, *Discovering God: The Origins of the Great Religions and the Evolution of Belief*, 136, 320-22.

52) Russell T. McCutcheon, "Introduction in A Symposium On Rodney Stark's

경전, 친밀한 사회 네트워크의 활용, 자선과 사회적인 개혁, 여성 신자의 지위 고양 등 초대 기독교 공동체의 기원과 성공 원인에 대한 사회학적인 해석은 당시의 기독교계에 큰 파장을 안겨 주었다.

둘째, 초대 기독교 공동체의 구성원들은 주로 하류층들이었다는 기존의 학설을 비판한 선구자였다. 막스, 헤겔, 트뢸춰로 대표되는 학자들은 복음을 쉽게 이해하고 받아들인 사람들은 가난하고 비천한 사람뿐이었다고 주장한 반면, 스타크는 초대 기독교를 예루살렘 교회가 아니라 처음 5세기 동안의 기독교 공동체인 바울 중심의 교회였다고 보고 있다. 이러한 시각에서 초대교회의 주요 구성원들은 기존 주장과는 반대로 특권층으로부터 시작되었다.[53] 대부분의 초대 기독교 공동체가 살고 있었던 지역은 문화와 정치, 경제가 집중되어 있었던 항구와 디아스포라 유대인 집단 거주지였으며 초창기에 기독교로 개종했던 대부분의 사람들도 이방인보다는 유대인들이었다는 것이다.

셋째, 초대 기독교가 결혼생활에 대해 전혀 부정적이지만은 않았다는 점을 지적하였다. 2세기의 기독교는 금욕주의(Encratism)와 방탕주의(Libertinism 혹은 자유연애)를 선호하였고 전통적인 가정보다는 독신과 금욕적인 생활양식을 선호했다는 것이 기존의 학설이었다. 물론 사도 바울도 어느 정도는 독신이 보다 권장할 만하다고 생각하였다(고전 7:7, 8, 32-37). 하지만 스타크는 초대 기독교의 전반적인 분위기는 전혀 그렇지 않았다고 주장한다. 바울의 금욕사상은

---

The Rise of Christianity," *Religious Studies Review* 25-2(April 1999): 1-2.
53) Rosaire Langlois, "Internal Proletarians and Ancient Religions: History Reconsiders Rodney Stark," *Method & Theory in the Study of Religion* 11-3 (1993): 299-324; Rodney Stark, *The Triumph of Christianity: How the Jesus Movement Became the World's Largest Religion*, 87-91.

이상적인 것에 불과했으며 오히려 클레멘트(Clement of Alexandria), 터툴리안(Tertullian), 시네시우스(Synesius) 등과 같은 초대교회 교부들도 결혼했다고 하였다.[54]

비판적인 평가 또한 제기되었다. 첫째, 쇼어(Adam M. Schor)는 초대 기독교의 연구에 있어서 수량적인 연구가 갖는 이점과 함정들을 설명하면서, 스타크는 기존의 자료(본문)에서 얻을 수 없었던 새로운 시각들을 제공한 점에 대해서는 긍정하면서도 너무 순진하게(?) 하르낙의 견해에 의존했다고 비판한다. 그 주요 이유로는 대부분의 초대 교회 자료들은 여성들에 대한 정확한 수치가 존재하지 않았고, 각 시기마다 어떻게 개종한 사람들의 숫자가 갑자기 늘어났는지에 대한 명확한 설명이 결여된 추정치에 불과하기 때문이다. 컴퓨터의 기술을 사용하여 내린 추정치로는 어떻게 기독교가 실제로 성장했는지 설명할 수 없다는 것이다.[55]

이 문제에 대해 맥그레스(Joanna Collicutt McGrath) 또한 스타크의 이론이 64년 네로 치하의 핍박, 80-90년대의 도미티안의 박해, 106년 플리니 시대의 급성장, 321년에 공식적인 종교가 된 과정들을 명쾌하게 설명하지 못했다고 비판하며, 이 기간은 "알 수 없는 간격"(a dark interval)이라고 주장한다. 이 문제에 대해 맥그레스는 자신의 외상후스트레스증후군(post-traumatic stress disorder, PTSD) 이론을 기초로, 기독교는 예수님의 죽으심 이후에 갑작스럽게 성장했다고 주장한다. 이 이론에 따르면, 예수님의 죽음 이후에야 제자들은

---

54) Richard M. Price, "Celibacy and Free Love in Early Christianity," *Theology & Sexuality* 12-2(2006): 121-142.
55) Adam M. Schor, "Conversion by the Numbers: Benefits and Pitfalls of Quantitative Modelling in the Study of Early Christian Growth," *Journal of Religious History* 33-34(2009): 472-498.

죽음의 의미를 신학적으로 검토하고 그 분은 고난당하기 위해 오신 메시아라는 사실을 깨닫게 되어 점차로 부흥하게 되었다는 것이다(행 2:13-42; 고전 12:25; 고후 12:9-10; 빌 2:8-11). 맥그레스는 초대 기독교 공동체 특징을 "The crucifixion-as-victory schema"로 보고 제자들이 외상후스트레스증후군의 과정을 거치면서 변화하였다고 분석한다.[56]

둘째, 초기 기독교를 유대교의 분파로 보았던 견해 또한 비판 대상이 되었다. 리게브(Eyal Regev)는 신양성서의 기준에 따르면 분파는 다음의 세 가지 기준을 가지고 있어야 한다: 사회로부터 분리; (기존의 전통과 다른 가치관을-필자 임의의 삽입구) 사회에 요구(requirements or sanctions); 고정된 기관 혹은 제도화 등이다.

위의 기준에 따르면, 초대 기독교 공동체는 기존의 사회와 다른 신앙들을 가지고 있었고 그 사회로부터 견제를 받아왔지만, 완전히 분리되지는 않았다고 주장한다. 초기의 기독교인들은 회당에서 쫓겨났지만 계속 유대인들의 회당에서 예배를 드렸으며 예수님(마 12:9; 13:54; 요 18:20) 또한 회당과 분리되는 것을 원치 않으셨다는 것이다.[57]

셋째, 초대 기독교 공동체가 특권층(지식층)과 중류층에 주로 기반을 두었다는 이론에 대한 비판이다. 랭글로(Rosaire Langlois)는 스타크가 몇몇 부자의 그리스도인들이 있었다는 저지(E. A Judge)의 잘못된 연구 결과에 너무 의존했으며(누가는 오히려 "가난한 자들이 복이 있다"고 했으며 마태 또한 "부자들은 영혼이 가난하다"고 말했

---

56) McGrath, "Post-traumatic growth and the origins of early Christianity," 291-306.
57) Eyal Regev, "Were the Early Christians Sectarians," *Journal of Biblical Literature* 130-4 (2011): 771-93.

다), 스타크의 주장대로라면 여성들이 낙태하다가 죽었을 뿐만 아니라 출산하다가도 많은 수가 죽었다고 비판한다. 따라서 기독교 여성들이 출산율이 높았다는 주장은 의심스럽고 기독교 역시 독신생활을 더욱 강력하게 주장했기 때문에 스타크의 이론은 정확하지 않다고 비판한다. 하지만 초대 기독교인들의 신분이 하류층이 아니었다고 주장하는 스타크를 포함한 수정론자들의 시도는 개척자적인 연구였다고 평가하였다.[58]

넷째, 사도행전은 여러 가지 전통들을 재구성한 것이므로 초대 기독교에 대한 직접적인 정보는 아니라는 비판도 제기되었다.[59]

종교사회학자들은 종교의 현상에서 인간적인 측면들이 존재하는 한 인간의 종교적인 행위는 증명되어야 하며 이러한 관점에서 종교의 인간적인 측면을 검토하는 것이 불경스러운 일이 아니라고 주장한다. 이러한 태도는 그동안 전통적인 연구방식이 제공하지 못했던 종교 현상에 대한 다양한 인간 경험을 제공해 준다는 면에서 주목 받기에 충분한 시도라고 저자는 생각한다.[60] 특별히 일신론(유대교와 기독교)이 어떻게 인류의 역사에서 변화를 이끌어 왔으며 기독교가 이방세계에서 주요 종교로 자리를 잡게 되었는지에 대한 종교사회학적인 스타크의 접근은 기존 연구 결과들을 초월한 것이라고 평가할 수 있다. 그리스-로마의 사원 중심의 종교는 개인들에게 흥미를 끌 만한 교리나 보상 체계가 없고, 인도의 신들(베다나 우파니샤드)은 너무나 신들이 많았으며, 중국의 종교들(도교, 유교, 불교)은 (논란의

---

58) Rosaire Langlois, "Internal Proletarians and Ancient Religions: History Reconsiders Rodney Stark," *Method & Theory in the Study of Religion* 11-3 (1993): 299-324.

59) Jack T. Sanders, "Christians and Jews in the Roman Empire: A Conversation with Rodney Stark," *Sociological Analysis* 53-4(1992): 433-45.

60) Stark and Finke, *Acts of Faith*, 20-1.

여지가 있지만) 신들이 없는 신앙 체계에 불과한 반면, 기독교는 유일신 신앙과 성서, 그리고 사회적인 여러 요소들로 인해 성공하게 되었다는 스타크의 이론은 보완의 여지는 있지만 획기적인 시도였다고 평가할 수 있다.

 초대 기독교 공동체의 성공을 분석하는 일에 있어서 스타크가 사용한 합리적 종교 선택이론을 모든 종교 현상에 적용하는 것은 무리일 수 있다. 여러 가지 다양하고 상반된 자료들 중 어느 것에 의존하느냐에 따라 해석과 결론이 다르게 도출될 것이기 때문이다. 특별히 수치와 자료가 갖는 제한성을 객관화하는 일에는 더욱 위험이 따르게 마련이다. 실례로 겉과 속마음을 달리 표현하는 한국 사람의 경우 그 위험성은 상당하다고 말할 수 있다. 이러한 잘못된 자료를 기초로 소수의 목소리가 묻히게 되거나 전혀 다른 방향으로 결론나게 된다면 스타크의 이론이 갖는 한계가 드러나는 점일 것이다.

 그러나 교회사를 연구하는 일에 있어서 결코 간과되어서는 안 될 것은 최대한 객관성을 확보하는 일이다. 이러한 객관성 확보는 성서 이외에 사회학적인 접근방법으로 연구한 결과들을 얼마나 확보할 수 있느냐에 따라 좌우될 수 있다고 생각한다. 다행인 것은 최근 한국의 기독교 안에서도 이러한 종교에 대한 사회학적인 접근방법들이 다양하게 시도되고 있다는 점이다. 스타크의 종교 이론에 대한 논문이 소개 중이며 그의 중요한 책들 또한 번역 중에 있다. 교회사 학계와 종교사회학회(혹은 사회학회)가 독립적으로 연구 활동을 진행하는 것과 달리 최근에는 교회사 학계 안에서 양자의 만남을 시도하려는 것은 상당히 고무적인 현상이다.

 실례로 서울신학대학교 현대기독교역사연구소(소장 박명수 교수)가 출판한 《한국 종교인구 변동에 관한 연구》는 종교 인구에 대한 센서스 결과 분석, 한국 종교의 신자 이동에 관한 연구, 한국인의 종교적 욕구 분석, 한국 종교의 이미지 평가 및 매체의 영향력 분석, 한국인의 종교 생활에 있어서의 중요 작용 요인의 연구 등 한국의 기독교 연구와 사회학과의 만남이 시도된 결과물이다.[61] 여러 가지 사회, 경제학적인 자료들을 분석하고 모으는 일은 교회사가보다는 사회학자들에게 더욱 적합하다고 말할 수 있다. 그러나 사회학자들이 모은 자료들을 가지고 교회의 역사를 분석, 기술(설명)하는 일은 교회사가에게 더욱 적합할 것이다. 다시 말해서 사회학자들은 신앙의 영역을 고려하는 일에 제약이 따르는 반면, 교회사가들은 종교의 사회 현상들을 객관적으로 분석하는 일에 제약이 따르기 때문에 종교사회학과 기독교 연구의 만남이 시도되어야 할 것이다. 스타크의 여러 가지 종교 이론과 이런 종교사회학자들의 자료들이 결합하여 한국 기독교의 역사와 현황을 보다 잘 이해하고 정리될 수 있을 것이다.

---

61) 최현종, 《한국 종교인구 변동에 관한 연구》(서울: 서울신학대학교 출판부 현대기독교역사연구소, 2011).

# 제5장
# 서구사회 발전에 끼친 기독교의 영향
## 자유, 자본주의, 서양의 성공과 기독교의 관계

프랑스의 미셸 몽쉘 수도원

"루터파 개혁이 학문적 맥락을 갖고 있는데 비하여, 개혁파 교회는 좀더 성서적인 형태에 따라 교회의 교리와 도덕과 예배를 개혁하고자 하는 일련의 시도에 그 기원을 갖고 있다."

A. E. 맥그래스, 《종교개혁사상 입문》 중에서

"자본주의 기본 정신은 개신교 윤리로부터 나왔다."

Max Weber, 《개신교 윤리와 자본주의 정신》 중에서

"자본주의는 16-17세기가 아니라 9세기 중세 유럽의 수도원에서 시작되었다."

스타크, 본문 중에서

## I. 개신교윤리와 자본주의 정신의 발달의 시작

자본주의(capitalism)는 경제체제의 한 유형으로 생산, 거래, 운영 등이 공동체보다는 주로 어느 한 개인의 소유에 속하는 것으로 이러한 활동의 주목적은 일반적으로 이윤을 얻기 위한 시장 운영 질서라고 정의할 수 있다. 그러므로 기본적인 운영 방식은 자유롭고도 정당한 상호경쟁과 적절한 규제와 개입, 노동자, 사주, 자본축적 등을 기반으로 한다고 말할 수 있다.[1]

문제는 이 자본주의가 어느 시기에 어떻게 형성되었는가?를 두고 수많은 학자들이 논쟁을 벌였다. 19세기 후반과 20세기 전반부에 독일의 사회학자이며 경제학자였고, 정치가였던 막스 베버(Max Weber)는 자본주의의 기본 정신은 개신교 윤리로부터 나왔다고 주장하였다. 잘 알려진 《개신교 윤리와 자본주의 정신》(*Die Protestantische Ethik und der Geist des Kapitalismus,* 1920)에서 베버는 서구의 자본주의의 발생과 그 정신은 오직 북유럽에서 시작하였고 그곳에서 발전한 개신교 종교개혁에서 출발했다고 주장하였다. 그에 따르면, 여러 종파들이 혼재되어 있는 지방의 직업 통계를 분석해 볼 때, 오늘날 자본주의 특징이라고 할 수 있는 자본 소유자와 경영자층, 상당히 숙련된 노동자층, 근대적인 기업에 있어서 높은 기술자층과 경영 훈련을 받은 사람들의 많은 수와 같은 요소들을 대부분 개신교인들이 주로 가지고 있었다는 점은 놀라운 발견이었다. 종교개혁 이전에는 물질관에 있어서 금욕주의를 지나치게 강조한 나머지 거래와 이익, 물질적인 소비를 금기시 하여 상업이 발달하지 못하였으나

---

1) Wikipedia, "Capitalism," from https://en.wikipedia.org/wiki/Capitalism, 2015년 6월 30일 접속.

이러한 흐름을 바꾸어 놓은 것이 바로 개신교 윤리였다고 베버는 주장하였다. 특별히 이 세상에서의 택함 받은 자들의 직업정신(소명)을 주장했던 16세기 스위스의 종교개혁가인 존 칼빈(John Calvin, 1507-1564)의 신학사상을 소개하고 베버는 "직업 의무로서의 부의 추구는 도덕적으로 허용될 뿐만 아니라 명령된 것이기까지 하다"라면서 개신교와 자본주의 정신의 밀접한 관련성을 강조하였다.[2]

청교도주의(Puritianism)로 명명된 이러한 개혁주의의 신앙관은 영국의 성공회를 미완성의 종교개혁으로 간주하고 신자 자신뿐만 아니라 사회를 성경 말씀에 따라 철저히 정화(개혁)하려 하였던 일종의 신앙운동이었다. 대륙의 존 위클리프(John Wycliffe), 롤라드파(the Lollards), 윌리엄 틴데일(William Tyndale), 존 칼빈, 존 낙스(John Nox), 존 후퍼(John Hooper)로 이어지며 형성되었던 이 운동은 성경에 대한 강한 헌신과 계약의 개념을 강조하는 신학사상이었다. 이 청교도주의는 영국의 종교개혁사상을 통하여 발전되었는데, 그 특징은 다음과 같이 요약될 수 있다: "1) 개인의 구원은 전적으로 하나님께로부터 나왔다. 2) 성경은 우리의 삶에 없어서는 안 될 안내서이다. 3) 교회는 성경의 명확한 가르침을 숙고해야 한다. 4) 사회는 하나의 연합된 전체다."[3] 특별히 칼빈이 강조했던 택함 받은 자들에 대

---

2) 막스 베버, 박성수 역, 《프로테스탄티즘의 윤리와 자본주의 정신》(서울: 문예출판사, 2006), 5-32, 130.
3) M. A. Noll, "Puritianism" in *Evangelical Dictionary of Theology*, 2th Edit. edited by Walter A. Elwell (Baker Academic, Grand Rapids, Michigan, 2001), 972-75. 칼 마르크스(Karl Marx, 1818-83), 독일의 사회학자, 경제학자, 철학자인 막스 베버(Max Weber, 1864-1920), 프랑스 사회학자인 에밀 뒤르케임(Émile Durkheim, 1858-1917)은 사회학의 기초를 놓은 대표적인 학자들이다. 먼저 마르크스와 베버는 사회학의 방법론을 두고 큰 차이를 보였다. 종교가 개인들의 경제적인 조건들에 의해 결정되는가(마르크스, 아래로부터의 사회학), 아니면 종교 그 자체가 그 주어진 역사적인 환경 안에서 경제적인 발전들을 결

한 이 세상에서의 생활윤리는 전혀 의도한 바가 아니었음에도 불구하고 근대 자본주의의 발달을 초래하게 되었다.

신자의 구원 문제에 있어서 로마 가톨릭이 교회의 성례전과 권위를 강조한 반면, 칼빈의 신학은 "신자 자신이 선택받은 자인가?"에 대한 물음으로 시작되었다. 구원의 주도권이 전적으로 하나님 편에 있다는 예정론에 기반을 둔 칼빈의 신앙에서 이러한 물음은 어찌보면 당연한 것이었다. 칼빈의 신학을 받아들인 사람들에게 신자 개인이 선택받았다는 믿음은 절대적으로 필요했다. 칼빈에 따르면, 자신이 택함 받은 자이며 이 땅에서 신자로서 어떻게 살아야 되는가에 대해 하나님으로부터 일종의 소명이 주어졌다고 믿는 의식은 목회자나 교회에 국한되지 않고 이 사실을 받아들이는 모든 신자들에게 적용되는 것이었다. 이러한 소명의식에 따라 이 세상을 살아가는 택함 받은 자들은 경제적인 이익 그 자체를 위해서가 아니라 부지런히 노력하여 이윤을 창출하고 저축하여 사회에 재투자하고 가난한 자들에게 베푸는 것을 하나님의 뜻(소명)으로 여겼다. 따라서 하나님의 주권적 예정 속에서 택함받은 자라면 이러한 삶은 당연한 것으로 여겼다. 어찌 보면 소명을 따라 이러한 삶을 사는 것은 자신이 택함 받은 자라는 확신을 갖기 위해 필요한 것이었다.

이를 위해 칼빈은 금욕주의적인 삶을 선호했지만 열심히 일하여 부자가 되는 것 자체는 거부하지 않았다. 택함 받은 자라면 하나님이 허락하신 각자의 직업을 통해 하나님께 영광을 돌리고 그 보상으로 주어지는 부와 복들은 선택받았다는 확신으로 믿게 되었다. 그리스

---

정할 수 있는가(베버, 위로부터의 사회학)로 대표되는 이들의 주장에 있어서, 베버는 종교를 포함한 모든 인간의 기관, 단체들이 주로 경제적인 기반 위에 설립된다고 주장했던 마르크스의 역사적인 유물론을 비판하고 오히려 종교적인 운동이 자본주의를 불러 일으켰다고 주장하였다.

도인들은 직업에 대한 이러한 소명의식을 가지고 이 세상에서 경제활동을 하기 때문에 자연스럽게 부자가 될 수밖에 없고 그 부를 자신을 위해 즐기는 것이 아니라 세상에 재투자하는 것이 소명 받은 자들이 마땅히 해야 할 의무라고 청교도인들은 믿었다. 가난한 자들과 자선하는 일들에 물질을 드리는 것을 신자의 마땅한 의무라고 여겼다. 따라서 신자들이 이 세상에서 부자가 되는 것은 곧 하나님께서 택한 자녀라는 확증으로 여기게 되었다.[4)]

이러한 청교도주의 사상은 후에 개신교인들로 알려진 신자들이 로마 가톨릭으로부터 벗어나는 결과를 초래하였다. 먼저 구원의 문제에 있어서 그동안 절대적으로 영향력을 끼치고 있었던 로마 가톨릭의 통제를 벗어날 수 있게 되었다. 전통적으로 구원에 있어서 행위와 성례전을 강조하였던 가톨릭교회의 신학과는 달리 교회를 통하지 않고도 이 땅에서 소명 받은 대로 살면 하나님을 기쁘시게 할 수 있다는 새로운 구원관은 가톨릭교회의 통제로부터 벗어나 근대 자본주의 시작을 가능하게 한 주요 원인이었다.

## II. 로드니 스타크와 자본주의 발달

스타크는 자본주의의 정신이 개혁주의 특별히 청교도주의에서 시작되었다는 주장은 한마디로 '웃긴 일'(nonsense)이라고 주장하고 자본주의 정신은 그보다 훨씬 앞선 9세기에 시작하여 13세기 북이탈리아 도시국가들을 거쳐 북유럽에서 발전했다고 주장한다. 그는 《이성의 승리: 어떻게 기독교가 자유, 자본주의, 그리고 서양의 성공

---

4) 로버트 그린 엮음, 이동하 역, 《프로테스탄티즘과 자본주의: 베버 명제와 그 비판》, 40.

을 이끌었는가》(*The Victory of Reason: How Christianity Led to Freedom, Capitalism, and Western Sucess*, 2005)와 《기독교의 승리: 어떻게 예수운동이 세계에서 가장 큰 종교가 되었는가》(*The Triumph Of Christianity: How The Jesus Movement Became The World's Largest Religion*, 2011)의 일부에서 이 주제를 다루고 있다.

스타크는 《이성의 승리》 서문에서 자본주의의 발생은 오직 유럽에서만 일어났는데, 그 주된 이유는 중세 유럽이 기독교 세계였기 때문에 가능했다고 주장한다. "개신교가 검약(저축)이라는 도덕율을 제공했다"는 베버의 주장에 대해, 스타크는 오늘날 자본주의의 특징들인 사기업, 신용의 발달, 상업적인 이익, 투기와 같은 것들이 이미 12세기에 존재했고 더욱이 유럽에 있어서 개신교의 영향력은 19세기까지도 가톨릭에 훨씬 미치지 못했다고 비판한다. 따라서 자본주의 시작은 16-17세기가 아니라 9세기 중세 유럽에서 시작되었다고 주장한다.[5] 어떻게 중세 기독교에서 자본주의 정신이 시작하는 것이 가능하게 되었는가?

### 이성의 하나님

스타크는 신비나 직관에 의존하는 종교들과 달리 기독교는 이성과 논리를 기반으로 하고 있다는 점에서 기독교의 독특성을 설명한다. 그에 따르면, 기독교 신학자들은 평등이나 개인의 권리의 본성과 같은 자본주의 핵심 가치들을 오래 전부터 이론화 했으며 서구의 세계가 부흥하는데 큰 역할을 감당한 이성과 기독교의 관계는 상당히

---

5) Rodney Stark, *The Victory of Reason: How Christianity Led to Freedom, Capitalism, and Western Sucess* (New York: Random House Trade Paperbacks, 2005), ix-xii.

밀접했다고 주장한다. 결국 서구가 부흥할 수 있었던 이유는 이성이 승리한 결과라는 것이다. 스타크는 이성의 네 가지 승리에 대해 다음과 같이 설명한다. 첫째, 기독교 신학 내에서 진보에 대한 신앙이 발달하였다. 둘째, 진보에 대한 신앙은 기술적이고 조직적인 혁신으로 전개되었고 이것들 중 많은 부분이 수도원에서 이루어졌다. 셋째, 중세 유럽에 나타났던 상당한 양의 개인의 자유사상과 정치철학 등은 기독교 신학에서 기인하였다. 넷째, 이성을 상업(거래)에 적용함으로써, 결국 자본주의 발달을 가져왔다. 결론적으로 서구가 승리한 것은 이성 때문이며, 이 이성의 토대는 중세의 기독교였다는 것이다.[6)]

스타크는 중세는 암흑기가 아니라 오히려 자본주의의 발달이 시작한 시기이며, 이러한 토대는 "신앙의 학"(the science of faith)으로 기술되는 신학의 특성 때문이었다고 주장한다. 신학은 "하나님에 대한 논리적인 추론"(formal reasoning about God)으로 구성되어 있으며, 그 내용은 "하나님의 본성, 의도, 원하시는 것들을 발견하고 이러한 것들이 어떻게 인간과 하나님 사이에 존재하는지"를 언급한다. 따라서 신학은 반드시 하나님을 의식적, 이성적, 무한한 능력을 지니신 분으로 그리고 동시에 인간사들을 돌보시고 도덕적인 법칙들을 부여하시며 그것에 대해 책임을 느끼시는 분으로 인식하는 것이 어찌 보면 당연했다고 주장한다. 스타크는 이러한 신학의 특성을 지적하고, 도교, 불교, 유교와 기독교의 차이점을 설명한다.[7)]

스타크에 따르면, 기독교와 달리 이와 같은 종교 혹은 사상들은 의식적인 신과 같은 개념이 결여되어 있고 진리 혹은 도라고 일컬어지는 것은 단지 신비한 초월적인 원리에 불과하여 이와 같은 존재들은 의식이나 인간사에 관여할 수 없는 것들에 불과하였다. 이에 반해 기

---

6) Ibid., xiii.
7) Ibid., 5.

독교의 하나님은 이성적인 존재로서 인간에게 자유의지를 주시고 이 것을 통해 그분이 하신 놀라운 일들을 깨닫게 하시는 분이시다. 그러 므로 어거스틴, 터툴리안, 알렉산드리아의 클레멘트, 토마스 아퀴나 스, 칼빈 등과 같은 대부분의 신학자들은 하나님께서 인간에게 이성 의 능력을 주시고 그 능력을 통해 하나님 자신과 그분의 창조하신 세 계의 질서를 더욱 잘 이해하기를 원하시는 분으로 보아 자연적으로 중세의 스콜라신학으로부터 과학이 발달할 수밖에 없었다고 주장한 다.[8] 결국 하나님을 이성적인 우주의 지적인 설계자로 믿었던 유럽인 들이 창조의 비밀들을 추구했고 그 결과로 과학이 기독교 국가인 유 럽에서 발전하였다는 것이다.[9]

케플러(Johannes Kepler, 1571-1639)와 갈릴레오(Galileo Galilei, 1564-1642)로 대표되는 16-17세기의 근대 과학자들도 그 이전의 신학자들과 같이 하나님이 인간에게 이성을 부여해주셔서 그 이성의 능력으로 인간은 창조세계를 읽고 이해할 수 있었으며, 그러 므로 과학의 출현은 그리스, 로마의 시대가 아니라 근대의 과학자들 이 활동했던 그 당시의 기독교 교리에서 출발하였다고 주장한다:

> 자연은 하나님에 의해 창조되었기 때문에 존재한다. 하나님을 사 랑하고 존경하기 위해, 그분이 창조하신 것들의 경이로움을 완전 히 이해하는 것이 필요하다. 하나님은 완전하신 분이시기 때문에, 그분이 창조하신 것들은 불변의 원리들에 따라 작용한다.[10]

---

8) Ibid., 6-12.
9) Rodney Stark, *The Triumph Of Christianity: How The Jesus Movement Became The World's Largest Religion* (New York: HarperOne, 2011), 284-95.
10) Stark, *The Victory of Reason*, 16-20, 24-5.

만약 서양의 성공이 이성에 의한 결과였다면, 이성의 힘과 진보의 가능성을 가장 많이 강조한 것은 다름 아닌 교회였다는 것이다.[11]

### 중세의 진보

스타크는 중세의 시기를 서로마의 멸망(476)부터 15세기로 보고 이 시기는 암흑기가 아닌 르네상스와 계몽주의를 가능하게 했던 시기로 보고 있다. 수차(water mill), 풍력(wind mill), 휠쟁기(wheeled plow)와 같은 새로운 농업기술들의 발명은 농업의 생산성들을 크게 성장시켰는데, 이러한 과정 가운데 중요한 역할을 한 곳이 다름 아닌 수도원들이었다. 9세기 초에 가톨릭의 수도사들은 세속적인 것들을 멀리했지만 자신들의 수도원 재산의 경제적인 안전을 확보하려는 노력에서 자본주의가 탄생했다. 이들은 자본주의의 기본 원리들을 확립했고 14세기에 들어 '자본'이란 단어는 "수익을 얻을 수 있는 능력을 지닌 기금들"(funds having the capacity to return income)로 사용되었다. 결국 자본주의는 "부(혹은 돈)를 벌기 위한 부(혹은 돈)의 사용"를 의미하게 되었다. 스타크는 자본주의를 다음과 같이 정의한다.

> 자본주의는 일종의 경제체제로서, 그 속에서 사적으로 소유하고, 비교적 잘 조직되고, 안전한 회사들이 비교적 자유로운(통제되어 있지 않고) 시장 안에서 복잡한 상업 활동들을 추구한다. 이러한 과정에 있어서 고용인을 포함하여 생산적인 활동들 속에서 부를 투자하고 재투자(직, 간접적으로든)하는 일에 체계적이고 장기적인 접근이 필요하며 예상된 그리고 실제적인 보상들을 기대하는

---

11) Ibid., 32.

경제체제이다.[12]

　위와 같은 자본주의 경제체제를 처음으로 시작하고 발전시켰던 곳이 다름 아닌 중세의 수도원이었다고 주장한다. 성서는 개인의 탐욕과 부는 금했지만 거래나 상인들을 옹호했으며, 9세기의 수도원이 바로 이러한 경제체제를 가능하게 했다고 주장한다. 중세의 수도원들이 다른 귀족들보다 훨씬 넓은 토지들을 소유하게 됨으로써 생산량이 증가하고 이것을 팔아 많은 현금을 소유하게 되어 일종의 회사와 은행 역할을 시작할 수 있게 되었다는 것이다.[13] 그리고 이 수도원들이 후에 중세의 주요 도시들이 되었다고 주장한다.

　스타크는 수도원이 발달시킨 것들로 세 가지를 든다. 첫째, 더욱 정교하고 미래를 예측하는 관리 방법(management)을 발달시켰다. 주로 귀족들이 부모에게서 물려받았던 토지를 관리했던 것에 비해 수도원들은 전문적인 관리인들이 장기적인 안목에서 관리, 경영했기 때문에 훨씬 능률적이었다. 둘째, 단순한 물물교환에서 현금 경제(cash economy)로 전환시켰다. 9세기 초기부터 현금을 선호하기 시작하였고(Florence 근처의 Lucca,) 1247년에 이르러서는 유럽 전역에 현금 의존성이 널리 확장되었다. 셋째, 신용(credit)이라는 개념이 형성되었다. 11-12세기 동안 몇몇 수도사들이 이자를 받고 돈을 빌려주었으며 13세기에 이르러서는 수도원이 돈을 빌려줄 때 종종 일종의 담보(a mortgage, 문자적으로 "죽음의 서약"을 의미)를 요구하였다. 많은 부를 소유하게 된 수도사들은 여가와 사치를 즐기게 되었고 결국 이러한 수도원들이 근대의 회사가 되었다고 주장한다.[14]

---

12) Ibid., 35-43, 55-6.
13) Stark, *The Triumph Of Christianity*, 244.
14) Stark, *The Victory of Reason*, 57-60.

물론 기독교 내에서 부와 이자에 대해 부정적인 면이 없었던 것은 아니었지만 6세기에 이미 성 베네틱트(Saint Benedict)가 '게으름은 영혼의 적'이라고 주장했으며 이에 속한 수도사들은 공동체 안에서 경건한 읽기(prayful reading)와 더불어 육체 노동(manual labor)을 가치 있는 것으로 여겼다고 스타크는 주장한다. 더욱이 12-13세기에 아퀴나스가 이익은 도덕적으로 부적합 것(신 23:19-20)으로 정죄했음에도 불구하고, 결국 실제로는 이방인들에게 이자를 받는 것이 허용될 만큼 이자는 그 당시에 통용되었다고 주장한다. 13세기에는 기독교 신학자들이 오랜 논의 끝에 이익, 재산권, 신용, 대부와 같은 자본주의의 기본 내용들을 인정하게 됨으로써 중세의 경제체제에 현저한 변화가 일어났다는 것이다. 이슬람은 이자를 반대한 반면 중세의 기독교는 물질관과 지적인 영역에서 상당한 변화(계몽)를 초래하였다.[15]

### 기독교와 자유사상

스타크는 주제를 바꿔서 기독교가 자본주의의 시작에 공헌한 것은 청교도 혹은 개신교의 교리를 통해서라기보다는 거래, 개인주의, 자유와 같은 사상을 옹호했기 때문이라고 주장한다. 13세기, 15세기, 16세기에 계속되는 유럽의 자본주의의 발달은 자유의 수준 때문에 가능했다는 진단이다. 가톨릭이 강했던 이탈리아나 플랑드르(Flanders, 현재의 벨기에 서부로 프랑스 북부, 네덜란드 남서부를 포함하는 북해에 위치한 고대국가)와 같은 전제주의 국가들은 17세기 초에 자본주의가 거의 사라진 반면, 개신교 지역인 잉글랜드, 네

---

15) Ibid., 61-66.

덜란드는 전제주의를 반대하고 자유주의를 옹호한 나라들이었기 때문에 더욱 번성하게 되었다는 것이다. 번창했던 나라들이었다는 점이 위의 주장을 잘 뒷받침하고 있다.[16]

특별히 1776년 미국의 독립선언 전후로 가톨릭은 교회의 권력을 강조한 반면, 기독교는 국가의 규제를 반대하고 자유경쟁 체제를 옹호하여 라틴 아메리카와 미국의 개신교인들이 경제활동에 상당한 영향력을 미쳤다고 주장한다. 특별히 검소와 재정에 대한 책임감으로 대표되는 개신교 윤리는 새로운 차원의 자유, 독립적인 정치, 종교적인 다원주의를 초래할 수밖에 없었다. 마지막으로 스타크는 신학은 이성, 진보, 도덕적인 평등에 기여했으며 만약 이러한 기독교가 없었다면 우리는 여전히 18세기 서구 국가나 중세에 살았을 것이라고 주장한다. 그는 한 걸음 더 나아가 "만약 기독교가 근대세계에 부적절하다면, 왜 여전히 기독교가 그렇게 빨리 퍼지는가?"라고 반문하며, 서구가 강력한 이유는 바로 기독교 때문이라고 결론 내린다.[17]

## III. 생각해 볼 점

자본주의 시작이 16세기 종교개혁주의 사상으로부터 시작되었다고 주장했던 베버와 달리, 중세의 9세기 수도원에서부터 시작되었다고 주장한 스타크의 이론과 그의 설명에 수많은 비판이 제기되었다. 비판 중 하나는 중세의 교회가 과학적인 진보를 옹호했기보다는 여러 가지 장벽이었다는 것이다. 오히려 교회가 세운 장벽들이 제거되자 과학, 경제, 정치의 진보가 가능하게 되었다는 것이다.[18] 실례로,

---

16) Ibid., 163-94.
17) Ibid., 198-235.

지동설을 주장했던 갈릴레오에 대한 교회의 핍박이다. 15세기부터 우주의 중심이 지구(천동설)라고 믿어왔던 교회와 서유럽은 태양이 아니라 오히려 지구가 돈다고 주장했던 갈릴레오를 종교재판에 넘겼다. 갈릴레오가 저술한 책은 1632년 2월에 발간되었지만 교황청에 의해 금서목록으로 지정되었고, 그 다음해인 1633년 로마에서 이단성 있는 이론으로 정죄한 것도 교회였음을 고려해 볼 때, 위의 비판은 어느 정도 수긍이 갈만 한 것처럼 보인다.

둘째, 스타크의 주장이 시사하는 바는 있지만, 지난 20여년 동안 서구 유럽 이외에도 여러 나라에서 과학적인 진보가 있었다는 사실을 연구한 많은 학자들의 견해(Janet Abu-Lughad, Kenneth Pomerana, Andre Gunder Frank)를 무시했다는 비판이 제기되었다. 이 학자들은 16-18세기의 과학적인 진보로 인한 온 인류의 변화는 서구의 유럽 이외의 세계에 기인한다고 주장하였다. 스타크가 바로 이 학자들의 견해를 등한시 했다는 것이다. 너무 유럽 중심주의적으로 해석했다는 것이다.[19] 그밖에도 그리스-로마의 세계, 아랍, 아시아의 세계를 무시했다는 비판 역시 제기되었다.

---

18) Iamrose, "Christianity and the Rise of Capitalism from http://www.familyfriendsfirearms.com/forum/archive/index.php/t-55016.html, 2015년 10월 30일 접속.

19) Thomas Mounkhall, "A Book Review of Rodney Stark, Victory of Reason: How to Freedom, Capitalism, and Western Sucess," World History Connected (Vol. 4-2) from http://worldhistoryconnected.press.illinois.edu/4.2/br_mounkhall.html, 2015년 10월 30일 접속.

# 제6장
# 미국종교시장에서의 승자와 패자
## 미국의 독립(1776)부터 21세기 현재까지

미국의 한 교회

"1960년대 후반기에 괄목할 만한 일이 미국에서 일어났다. 그것은 미국 역사상 처음으로 대부분의 주요 교단의 교회들이 성장을 멈추고 움츠러들기 시작했다는 사실이다. 이 현상은 근래의 가장 극적인 현상들 가운데 하나는 아니지만 그러나 모든 사람들 특히 사회 형태 연구가들에게 있어서 가장 의미심장한 사건들 가운데 하나라는 것은 분명하다. 확실히 종교에 관심 있는 사람들은 그가 진실한 교인이든 아니면 방관자에 불과하든지 이러한 현상이 무엇을 의미하며 미래를 위한 어떤 전조가 되려는지를 의아하게 생각한다."

D. M. 켈리, 《왜 보수주의 교회는 성장하는가》 중에서

"지옥이 사라졌는데, 천국이 올 수 있는가?"

스타크, 《미국종교시장에서의 승자와 패자》 중에서

## I. 미국교회사 연구의 새로운 접근

이 장의 중심 주제는 미국이 독립을 선언했던 1776년부터 2005년까지 미국교회사 전체를 주요 교단들의 흥망성쇠라는 코드를 가지고 종교사회학적으로 분석했던 스타크의 내용을 소개하는 것이다. 스타크의 저서들 중 가장 논란을 불러일으켰고 널리 알려진 책들 가운데 하나인 《미국종교시장에서의 승자와 패자》(*The Churching of America, 1776-2005: Winners and Losers in Our Religious Economy*, 2005)에서 이 주제를 다루고 있다. 스타크는 이 책에서 전체의 내용을 분석, 이해, 기술하는 데에 자신의 중요 이론인 합리적 종교 선택이론(제3장 참조)과 분파-교회의 과정이론(제2장 참조)을 사용한다.

스타크는 미국의 종교 역사에서 가장 현저한 경향은 종교의 성장 혹은 미국의 교회화(the churching of America)라고 진단하고, 미국의 종교사는 이 과정과 원인을 설명하려는 시도였다고 주장한다. 미국에서 일어난 이러한 종교의 성장은 문명이 발달할수록 종교는 결국 사라지게 된다는 세속화이론과는 전혀 반대 현상으로 이러한 관점에서 볼 때 독립선언 이후 미국은 교회화되었다는 것이다. "어떠한 과정과 원인으로 이렇게 되었는가?"를 묻고, 공동으로 작업을 수행한 로저 핑크 교수와 함께 이 질문에 다음과 같이 대답한다: "미국의 교회화는 내세(otherworldliness)에 전념하였던 공세적인(aggressive) 교회들에 의해 주로 이루어졌다."[1] 이곳에서 공세적인 교단들이란 미국 독립 당시 주요 교단들이었던 영국 성공회, 회중교회,

---

1) 로저 핑크, 로드니 스타크, 《미국종교시장에서의 승자와 패자》, 19-20.

장로교가 아니라 신생 교단들이었던 감리교와 침례교를 가리킨다. 이 두 교단들은 모두 처음에는 보수적인 교단들로 출발하여 19세기와 20세기를 거치면서 주요 교단으로 성장하였고 최근까지 미국교회 성장을 주도했다고 주장한다. 유럽과 달리 어떻게 신생 교단들인 감리교와 침례교가 미국에서 급성장하여 주요 교단들로 자리를 잡게 되었는가?

## II. 자원 원칙과 교파(분파)체제

18-19세기의 유럽 학자들이 그 당시에 미국에서 일어나고 있던 놀라운 교회의 성장을 직접 보고 분석한 결과, 그들은 미국교회들의 독특한 자원주의 원칙과 교파 체제에 그 원인이 있다고 보았다. 유럽의 교회들이 대부분 특정 국가에 의해 설립된 교회들이거나 "유일한 참된 교회"(the one, true church)를 표방했던 로마 가톨릭인 것에 반해 미국 교회들은 교파주의와 자원 원칙 사상이 지배적이었다는 것이다.[2] 교파주의란 "스스로 다스리며 교리적으로는 자율적인 단체들(unites)로 존재하는 여러 기독교 종교 단체들 혹은 교단들"을 의미하며,[3] 자원주의(voluntaryism)란 "교회들이 스스로 다스리고 국가 후원이나 통제로부터 자유롭기 위하여 자유로운 선택과 결정을 강조하는 교회, 그 교회의 구성원, 기관, 그리고 행습을 추구하는 것"으로 정의될 수 있다.[4] 이러한 원리는 신앙생활에서 그 무엇보다 개

---

2) Ibid., 23.
3) Donald K. McKim, "*determinationalism*" in *Westminster Dictionary of Theological Terms* (Louisville, Kentucky: Westminster John Knox Press, 1996), 74.

인의 자유와 평등을 강조하는 것으로, 결국 이에 기초한 미국의 교회는 다원주의 성격을 띨 수밖에 없었다는 것이다. 스타크는 미국과 캐나다 종교의 유일한 특성은 다양성이라 지적하고, 실례로 미국 내에서만 1,200개 이상의 종교 그룹들과 30여 개 이상의 가톨릭 그룹들이 존재한다고 강조한다.[5]

종교에서의 교파주의는 비효율적이며 종교에 일치가 아닌 분열을 초래할 뿐이라는 비판과 달리, 미국의 식민지 시기 동안 인구의 10-20%(1776년 17%)에 불과했던 신자율은 1850년(37%), 1870년(35%), 1890년(51%), 1916년(53%), 1926년(56%), 1952년(59%), 1980년(62%), 2000년(62%)로 급성장하였다.[6] 이러한 급성장을 이끌었던 교단들은 전통적으로 주류 교단이었던 성공회, 회중교회, 장로교보다는 조그마한 교단으로 출발한 감리교와 침례교였다. 스타크는 이들 종교적인 단체들의 성공과 실패를 분석하기 위해 시장, 회사, 시장 침투, 분활된 시장과 같은 경제용어들을 사용한다. 스타크의 설명에 따르면, 회사들의 운명은 1) 그들의 조직 체계(organizational structures), 2) 그들의 상품 판매원, 3) 그들의 상품, 4) 그들의 판매 기법들에 의해 결정된다. 이곳에서 조직 체계는 교단의 구조를, 상품 판매원은 목회자를, 그들의 상품은 신학, 혹은 설교의 내용을, 판매 기법은 목회 방침을 말하는 것으로, 교단들이 자신들의 교리들을 현대화하고 불변적인 신앙의 가치보다 시류에 영합하는 일시적인 가치

---

4) Donald K. McKim, "*voluntaryism*" in *Westminster Dictionary of Theological Terms* (Louisville, Kentucky: Westminster John Knox Press: 1996), 300. 이 두 가지 사상에 대한 보다 자세한 내용은 김태식, 제2장 기독교 목회의 역사적 교훈, 이명희 편, 《21세기 목회론》(대전: 침례신학대학교출판부, 43-58 참조할 것.
5) Stark and Bainbridge, *The Future of Religion*, 41-46; Stark, *For the Glory of God*, 16.
6) 핑크, 스타크, 《미국종교시장에서의 승자와 패자》, 51.

들을 수용할 때, 쇠퇴하였다고 주장한다.[7]

## III. 새로 시작한 교단들(1776-1850)

스타크의 분석에 따르면, 미국이 독립을 선언할 당시(1776년)에 주요 교단들은 성공회, 회중교회, 장로교로 이들이 차지하는 총인구 중 신자율은 55%에 달했다. 하지만 그 후 단지 74년이 지난 후에 이 세 교단들의 합해진 총신자수 비율은 19.1%에 불과했다(교회에 다니는 사람들의 비율은 34%). 특별히 회중교회는 20%에서 4%로, 성공회는 15.7%에서 3.5%로, 장로교는 19.0%에서 11.6%로 쇠퇴한 반면 감리교는 2.3%에서 34.2%로, 침례교는 1.8%에서 13.9%로 급성장하였다. 1776년에 식민지 전역에 단지 65개의 교회 뿐이었던 아주 작은 종교단체였던 감리교가 1850년에 13,302개의 교회와 260만 명 이상의 교인을 가진 대교단으로 성장하여 미국 전역의 교회 교인수 중 1/3이 넘는 수를 가지게 되었다.[8]

어떻게 이러한 일이 가능하게 되었을까? 스타크는 1776년과 1850년 사이에 미국의 종교시장에서 감리교와 침례교를 두 주요 승자로, 회중교회와 성공회를 주요 패자로 설명한다. 미국에서 교회들이 집중적으로 성장하고 있었던 초기 변방 지역의 사람들에게 호감을 주었던 교단들은 감리교와 침례교회들이었다. 이 두 교단들의 특징으로 자유민주적인 교단 구조, 속회 중심의 평신도 사역 활용, 다수의 순회 목회자 운영, 풍부한 평신도 설교자들 보유, 순회 목회자 제도 운영, 영적인 회개와 하나님 앞에서의 강한 개인적인 책임감 강조,

---

7) Ibid., 30-31.
8) Ibid., 96.

즉흥적이고 열정적인 설교 등을 열거한다.

이에 반해 주요 교단들이었던 성공회, 회중교회, 장로교회들은 중앙집권적 교권 구조, 많이 공부한 목회자들, 만성적인 목회자 수 부족, 도시 목회사역 집중, 강연회로 전락한 설교 내용과 형식 등으로 많은 신자들로부터 외면 받게 되었다는 것이다.[9] 왜 이러한 일이 일어나게 되었는가? 스타크는 급성장하던 감리교의 쇠퇴 과정에서 이를 더욱 자세히 설명한다.

## IV. 감리교의 쇠퇴와 침례교의 성장(1850-1900)

1850년에 34%를 차지하던 감리교가 1890년경에 로마 가톨릭에 그 자리를 넘겨주고 1906년 사이에 급격히 감소한다. 그 이유는 어떤 것이었을까? 스타크는 교인들에게 흥미를 일으키고 유지하는 감리교의 상대적인 능력이 실제로 감소했기 때문이라고 지적한다. 구체적으로 감리교는 분파주의적인 특징들을 포기했다. 평신도 설교자들 대신 신학교에서 훈련받은 사역자들에 의존하기 시작했고 19세기 중엽에 가서는 순회사역 제도를 점점 포기하기 시작하였다. 실례로 1804년 총회는 전임 목회자들이 계속해서 2년 이상 동일한 지역에 머무는 것을 허용해서는 안 된다고 규정했지만, 그 제한은 1864년에는 3년으로, 1888년에는 5년으로, 그리고 마침내 1890년에는 완전히 철회되었다. 이에 따라 정착한 목회자들이 증가했을 뿐만 아니라 감리교의 감독 구조, 다시 말해서 감독들이 원하는 바에 따라 지역의 목회자들을 임명하고 이동시키는 중앙집권적인 교권 구조가 감리교

---

9) Ibid., 118-79. i.

안에 확립되었다고 스타크는 주장한다.[10]

　감리교인들이 신학교육을 받은 목회자들을 선호하게 됨에 따라 수많은 감리교 대학들과 신학대학원들이 세워졌다. 미국 감리교의 첫 번째 두 명의 감독들 중 하나였던 프란시스 에즈베리(Francis Asbury, 1745-1816)가 죽은 1816년에는 단 하나의 감리교 대학이나 신학교가 없었지만 1880년 즈음에는 11개의 신학교들, 44개의 대학들, 130여 개의 여성 신학교와 학교들이 세워졌다. 1890년대에는 통일된 신학교육 내용이 확립되었고 많은 교육을 받은 목회자들이 점차적으로 그에 걸맞는 사회적인 지위와 사례금을 요구하게 되었다. 결국 1906년에 감리교 목회자들의 사례금은 전국 평균을 넘어서게 되었고 미국의 감리교는 빠르게 "비복음주의적, 반 웨슬레적, 반성서적"이 되었다.[11]

　감리교의 세속화는 이에 그치지 않고 값 비싼 교회 건물들의 신축, 파이프 오르간의 확산, 돈을 지불하는 성가대의 운영, 속회의 해체, 카드놀이, 춤, 극장에 가는 것의 허용, 그리고 예배드리는 신도석을 매년 일정한 액수를 지불하는 가족들에게 임대하는 사업 등을 시행하기 까지 이르게 되었다. 신도석 대여는 18-20세기 초까지 가톨릭, 성공회, 장로교회, 회중교회 등 여러 교회에서 만연한 현상이었다. 이에 따라 감리교는 점점 이 세상에서의 쾌락들을 묵과하려 하였고 죄, 지옥 불, 지옥에 떨어짐과 같은 전통적으로 그들이 강조했던 신앙들을 버리게 되면서 분파형에서 급속도로 교회형으로 변형되었다고 스타크는 주장한다. 이에 대한 반발로 돈이 없어도 예배드릴 수 있다고 주장하는 자유감리교인들(Free Methodists)이라 불리는 새로운 분파가 출현하게 되었고, 19세기 후반부터는 성결을 강조하며 웨

---

10) Ibid., 245-47.
11) Ibid., 247-53.

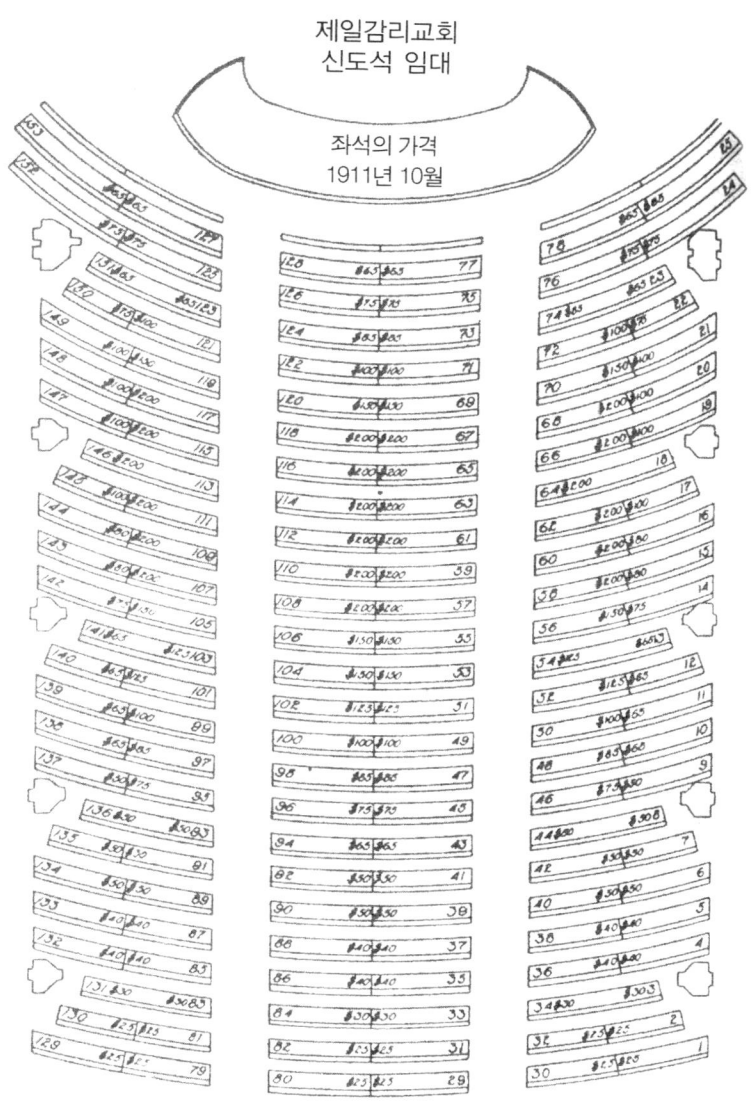

슬리의 원리들로 되돌아갈 것을 주장하는 성결운동(The Holiness Movement)이 시작된 결과 1900년대에 이르러 성결운동의 전형적인 분파인 나사렛 교단(The Church of the Nazarene, 공식적인 조직은

1908년)이 탄생하게 되었다.[12]

감리교가 쇠퇴한 반면, 침례교는 쇠퇴와 성장을 동시에 하였다고 스타크는 주장한다. 북부의 침례교가 다른 주요 교단들처럼 세속화로 쇠퇴한 반면 남부의 침례교의 성장은 감리교의 자리를 대체하였다. 북부지역의 침례교회의 세속화 원인에 대해, 스타크는 북부지역의 침례교 신학교와 대학들(실례로 시카고대학)의 자유주의 교육과 북부의 침례교회들의 풍요가 주요 원인이었다고 지적한다. 북부에 세워진 침례교 계열의 신학교들(대학들)은 교단과 별개로 독립적으로 세워짐에 따라 교단의 통제로부터 자유롭게 현대적인 견해들과 진화론을 수용하게 되었다. 또한 더욱 현대적인 교육을 받았던 북부의 침례교 목회자들 역시 정통신학 대신 현대의 사상에 조화를 맞춤에 따라 시장 점유율이 쇠퇴하는 결과를 초래하였다.[13]

이에 반해 남부의 침례교(The Southern Baptists, 1845년 창립)는 북부의 침례교인들처럼 분파에서 교회로 변화되지 않았다. 남부의 침례교가 변화되지 않은 주요 원인들에 대해, 스타크는 남부 특유의 보수적인 지역적인 상황, 회중정치를 기반으로 한 민주적인 교회 정체, 선교협회나 신학교의 교회에 대한 간섭을 배제하는 지역교회의 자치권(개교회주의), 신학대학원들의 독립을 허용하지 않은 점 등을 지적한다.[14]

---

12) Ibid., 253-63.
13) Ibid., 272-75.
14) Ibid., 275-80.

## V. 주요 교단들의 쇠퇴와 새로운 교단들의 성장

스타크는 20세기 이전에 쇠퇴했던 주요 교단들(성공회, 회중교회, 장로교)이 대반격을 펼치기 위해 벌였던 교회일치운동의 내용들을 소개하고 합병과 연합으로 대표되는 노력들은 종교시장에서의 다원주의를 받아들이지 않으려는 노력들이었다고 진단한다. 그는 종교적 다원주의 혹은 세속화로 인해 종교가 쇠퇴하기보다는 오히려 번성한다고 주장하며 "다원주의는 국가에 의해 규정되지 않은 종교 경제의 자연스러운 상태이며, 그러므로…교회일치운동은 실패할 수밖에 없었다"고 주장한다.[15] 이를 뒷받침하기 위하여 주요 교단들의 쇠퇴율과 새로운 교단들의 성장률을 대비시킨다.

1916년과 1926년 사이에 주요 교단들이었던 미국장로교회(the Presbyterian Church in the U.S.A.)는 826개의 교회들(-8.5%)을 상실했으며, 회중주의자들은 872개의 교회(-14.8%)를, 제자들의 교회(the Disciples)는 748개의 교회(-8.9%)를, 미국감리교회는 3,185개의 교회(-10.9%)를 상실했다. 반면에 새로운 분파들이었던 1,178개의 교회를 얻은 남침례교, 하나님의 성회(the Assemblies of God, +553%), 하나님의 교회(Church of God, Cleveland, Tenn. +442%), 그리스도인과 선교동맹(Christian and Missionary Alliance, +169%), 나사렛 교회(Church of Nazarene, +557%), 그리스도의 교회(Church of Christ, +656%), 자유의지 침례교회(Free Will Baptists, +274%), 오순절 성결교회(the Pentecostal Holiness Church, +60%), 구세군(the Salvation Army, +310%) 등은 크게 성장하였다.[16]

---

15) Ibid., 291-295.
16) Ibid., 303-306.

새로운 교단들

| 교회 진술들 | 연합 그리스도의 교회 (151) | 감리교 (415) | 성공회 (416) | 그리스도의 제자들 (50) | 장로교 (495) | 미국 루터교회 (208) | 미국 침례교회 (141) | 미주리 루터교 협회 (116) | 남침례교 (79) | 분파들 (255) | 총 개신교 (2,326) | 총 가톨릭 (545) |
|---|---|---|---|---|---|---|---|---|---|---|---|---|
| "나는 하나님의 전체로 계시라는 것을 앞에 그것에 대해 나는 한 점의 의심도 하지 않는다." | 41 | 60 | 63 | 76 | 75 | 73 | 78 | 81 | 99 | 96 | 71 | 81 |
| "예수는 하나님의 거룩한 아들이시며 그것에 대해 한 점의 의심도 하지 않는다." | 40 | 54 | 59 | 74 | 72 | 74 | 76 | 93 | 99 | 97 | 69 | 86 |
| "예수님이 동정녀에게 탄생하셨다는 것을 확신한 진리이다." | 21 | 34 | 39 | 62 | 57 | 66 | 69 | 92 | 99 | 96 | 57 | 81 |
| 분명히, "예수님은 어느 날이 땅에 실제로 재림하실 것이다." | 13 | 21 | 24 | 36 | 43 | 54 | 57 | 75 | 94 | 89 | 44 | 47 |
| "악마가 실제로 존재한다는 것은 확실한 진리이다." | 6 | 13 | 17 | 18 | 31 | 49 | 49 | 77 | 92 | 90 | 38 | 66 |

자료: 스타크와 글록으로부터(1965)
참고: 나와 있는 개신교 교회들은 다음과 같다. 연합그리스도의교회(회중주의), 감리교, 성공회, 그리스도의 제자들, 연합 장로교, 미국 루터교회(Lutheran Chuch in America), 아메리카 루터교회(American Lutheran Chruch), 미국 침례교회, 미주리 루터교협회, 남침례교, 괄호 안의 숫자들은 회답한 사람들을 나타낸다.

이렇게 새로운 분파형 교회들이 성장한 이유에 대해 스타크는 1972년에 전 미기독교회협의회(the NCC) 위원이었던 켈리(Dean M. Kelley)의 《왜 보수적인 교회들은 성장하고 있는가?》(*Why Conservative Churches Are Growing*)의 내용을 소개하며, 결국 주요 교단들은 신학과 신앙이 자유주의화 되어 신뢰할만한 신앙을 제공하는 데 실패했으며, 그들은 세속적인 문화에 너무 동화되어 사람들이 더 이상 그들의 교회에 참석하지 않게 되었다고 지적한다. 1960년과 1970년 사이에 신앙이 보수적인 하나님의 성회(the Assemblies of God)가 22.9% 성장하여 총 교인수가 625,027명에 도달했으며, 2001년에는 그 수가 2,627,029명이 된 반면, 보다 자유주의적인 연합그리스도의 교회(the United Church of Christ, 전에는 회중교회)는 1960년과 1970년 사이에 12.5%가 감소하여 총 교인수가 1,960,608명에 불과하게 되었다.[17]

스타크는 미국과 캐나다 《교회연감》을 토대로 보다 최근 자료를 《기독교의 승리》에서 제시한다. 1960년 대비 2006-2007년 미국인구 1000명 당 기독교인 인구 변화율에 따르면, 회중교회는 12.4명(1960)에서 3.8명(2006-2007)으로 -69% 감소, 성공회는 18.1명에서 7명으로 -61% 감소, 미국장로교(PCUSA)는 23명에서 9.8명으로 -57% 감소, 연합감리교는 54.7명에서 26.6명로 -55% 감소, 미국루터교는 29.3명에서 15.6명으로 -47% 감소, 유니테리언은 1명에서 0.7명으로 -30% 감소, 퀘이커는 0.7명에서 0.5명으로 -29% 감소, 로마 가톨릭은 233명에서 229.9명으로 -4% 감소, 남침례교는 53.8명에서 55명으로 +2% 증가, 국제복음교회(International Church of Foursquare Gospel)는 0.5명에서 0.9명으로 +80% 증가, 제칠일안식

---

17) Ibid., 416-7.

교는 1.8명에서 3.4명으로 +89% 증가, 몰몬교는 8.2명에서 19.4명으로 +138% 증가, 여호와의 증인은 1.3명에서 3.6명으로 +177% 증가, 하나님의성회는 2.8명에서 9.6명으로 +242% 증가, 하나님의교회(Cleveland, TN)는 0.9명에서 3.2명으로 +260% 증가, 그리스도 안에 있는 하나님의교회(Church of God in Christ)는 2.2명에서 18.6명으로 +743% 증가했다.[18]

## VI. 결론

스타크는 종교에 있어서 세속화 과정은 피할 수 없지만 종교 내부에서 끊임없는 개혁만이 이를 극복할 수 있다고 주장한다.

> "하나의 종교단체가 너무나 세상적이 되어서 그 보상들이 거의 주어지지 않게 되고 또 받게 될 것 같지도 않게 될 시점이 온다. 지옥이 사라졌는데, 천국이 올 수 있는가? 이곳에서 사람들은 바뀌기 시작한다. 일단의 사람들은 아주 고도의 긴장을 요구하는 운동들에 참여한다. 또 다른 사람들은 최근에 시작한 가장 덜 세속화된 주요 회사들로 이동한다. 여전히 또 다른 사람들은 모든 종교를 떠난다. 이러한 원리들은 일종의 운명의 수레들과 같지 않지만, 그러나 그들은 우리 종교의 역사에서 가장 중요한 특징을 드러내고 있는 것처럼 보인다: 주요 교회들은 항상 퇴장(sideline)을 향해 나아가고 있다."[19]

---

18) Stark, *The Victory of Christianity*, 361.
19) 로저 핑크, 로드니 스타크,《미국종교시장에서의 승자와 패자》, 416-7.

세속화의 끝은 종교가 사라진 미래가 아니다. 종교에 있어서 초자연적인 것들이 세속화되면, 저곳에 계시지 않게 된 신은 천국을 다스릴 수도 죽음에서의 승리도 제공할 수 없게 된다고 스타크는 강조한다. 결국 이러한 세속화에 대한 반응으로 새로운 부흥과 개혁이 요청되고 오늘날 새롭게 출현하고 있는 분파들, 이교들, 새로운 종교단체들의 증가는 종교의 세속화에 따른 피할 수 없는 현상이라고 진단한다.[20]

---

20) Stark and Bainbridge, *The Future of Religion*, 431-42.

# 제7장
# 몰몬교의 성공과 전망

유타주의 몰몬교 본산인 솔트 레이크 템플

"인간의 현상 가운데 가장 중요하고 매혹적인 것 가운데 하나는 새로운 종교의 탄생이다."

스타크, *A Theory of Religion*, 155 중에서


"만약 현재와 같은 속도(43%)로 몰몬교가 성장한다면 2080년경에 몰몬교 교인 수는 최소 6천 4백만 명, 최대 2억 6천만 명에 도달하는 것에 의심할 여지없이 새로운 종교로 등장하여 세계의 4대 종교(유대교, 기독교, 이슬람, 몰몬교)가 될 것이다."

스타크, "The Rise of a New World Faith" 중에서

# 몰몬교의 성공과 전망[1]

## I. 몰몬교의 현황

"A Perfect Storm!!!" 이 단어는 두 개 이상의 허리케인(태풍)이 한 지역에서 충돌해 그 영향력이 폭발적으로 커지는 현상을 가리킨다. 다시 말해서, 여러 가지 문제가 한꺼번에 발생하여 일어나는 위기 상황 혹은 그러한 분위기를 의미한다. 이 단어가 요즘의 미국의 정치, 종교, 사회 일반에 확산되어가고 있다. 특히 이 단어는 "몰몬교 현상"(Mormmon Phenomenon)을 지칭하는 것으로, 언론계와 학계,

---

[1] 몰몬교(Mormonism)에 대한 정식 명칭은 "말일성도 예수 그리스도의 교회" (The Church of Jesus Christ of Latter-day Saints, the LDS Church)이나 일반적으로 몰몬교회(the Mormon Church) 혹은 몰몬교(Mormonism)라고도 불리운다. 그동안 몰몬교 내부에서 명칭에 대한 논의가 있었다. 실례로 Jeffery L. Sheler는 "the Mormon Church," "Mormon Church," "Latter-day Saints Church," "LDS Church"보다는 축약해서 부르고자 한다면 "the Church of Jesus Christ" 혹은 단순히 "the Church"로 불러달라고 요청하였다. Jeffery L. Sheler, "Don't call it 'Mormon,'" U. S. News & World Report 130-11 (March 19, 2001): 1-2. 또한 그들은 "Mormon Christianity," "Latter-day Christianity," "Restored Christianity"로 불리는 것을 더욱 선호한다는 보고도 있다. Rodney Stark & ed. Reid L. Neilson, *The Rise of Mormonism* (Columbia University Press: New York, 2005), 14. 종교사회학적인 연구 방법이란 종교에서의 인간적인 요소들(인구학적, 정치학적, 사회학적, 문화적인 요소들등)과 신앙적(혹은 신학적)인 요소들을 활용하여 종교를 연구할 수 있다고 주장하는 연구방법이다. 미국종교사회학과 기독교 역사 연구의 형성 과정과 발전에 대해서는 다음의 논문을 참조하라. 김태식, "로드니 스타크의 종교의 합리적 선택이론: 개인과 사회적인 신앙(교회) 상호관계의 기초 원리에 대한 종교사회학적 접근," 〈한국교회사학회지〉 31집(2012): 207-240.

사회 일반이 미국의 종교시장에서 네 번째의 교세를 자랑할 만큼 성장한 몰몬교의 신앙과 그 위상에 대해 점점 더 관심을 가지게 된 현상을 가리킨다. 2011년 NCC(미국교회협의회)《교회연감》에 따르면, 미국과 캐나다 기독교 교단 중 1위는 가톨릭(68,503,456명, 0.57% 성장), 2위는 남침례교(16,160,088명, 0.42% 감소), 3위는 연합감리교(7,774,931명, 1.01% 감소), 4위가 몰몬교(6,058,907명, 1.42% 성장)이며, 11위 장로교회 USA(2,770,730명 2.61% 감소), 21위 여호와증인(1,162,686명, 4.37% 성장), 25위 제칠일재림교회(1,043,606명, 4.31% 성장)가 순위 25위 안에 들어왔다.[2]

역사적으로 미국 사회에서 몰몬교 만큼 논란과 화제의 대상이 된 종교단체도 드물다. 19세기에는 일부다체제와 유타가 미국 합중국의 하나의 주로 승격된 일이, 21세기 초에는 몰몬교의 최상위 결정단체인 12사도 위원회(the Quorum of the Twelve Apostles)의 멤버였던 사도 리드 스모트(Reed Smoot, 1862-1941)가 유타 주의 상원위원으로 선출된 일이, 그리고 현재는 전 메사추세츠 주지사였으며 지난 미국의 대선(2012년)에서 공화당 대통령 후보로 선거를 치른 미트 롬니(Mitt Romney, 1947- )가 그 중심에 있다.[3]

미국사회에서 몰몬교가 주목받게 된 이유에 대해, 12사도 위원회

---

2) Suzanne Huff & Laura Wadley, "A Perfect Storm," *Library Journal* 133-14 (Sep. 1, 2008): 39-42. National Council of Churches USA, "News from the National Council of Churches" from http://www.ncccusa.org/news/ 110210 yearbook2011.html, 2011년 3월 4일 접속.

3) Mathew N. Schmalz, "Meet the Mormons: From the Margin to the Mainstream," *Commonweal*, 134-19(November 9, 2007): 16-9. 롬니는 미국의 대통령 후보로 나서면서 자신의 신앙관에 대해 걱정하는 사람들에게 정교분리를 끝까지 지킬 것이며 미국 종교의 특성은 다양성이라고 강조하였다. "Romney Speech on Faith may Assure Some, Trouble Others," *Christian Century* (December 25, 2007): 11.

의 멤버인 브루스 포터(Bruce D. Porter)는 "몰몬교는 기독교인가?" (Is Mormonism Christian?)라는 글에서 롬니의 등장, 미국의 종교시장에서 몰몬교의 급성장, 몰몬교의 리더로서 네바다 주 상원위원인 해리 라이드(Harry Reid, 1939- )의 등장 때문이라고 밝히고 이러한 것들은 몰몬교인들에게 긍정적(light)이기보다는 오히려 논쟁(smoke)만 불러일으켰다고 불평하였다. 미국의 언론계와 학자들이 공식적으로 몰몬교가 1890년에(1904년에 성명서 발표) 이미 포기한 일부다처에 같은 과거의 역사에만 관심을 가지고 지나치게 집중 보도한다는 것이다.[4] 이러한 열띤 미국 사회의 관심과 반응은 오히려 몰몬교인들이 미국 사회에서 누구보다도 가정에 충실하고, 자신들의 성경과 교회에 헌신하며, 미국의 도덕성에 크게 기여하고 있기 때문에 주어지는 시기와 미움에서 시작된 것이라고 불평한다.[5]

역사적으로 몰몬교에 대한 논란은 무엇보다도 이 종교단체가 기독교인가 아니면 기독교와 다른 이교(sect)인가에 집중되어 있었다. 기독교가 아니라는 주장(실례로 Gerald R. McDermott)의 요지는 성서론(성경 이외에 몰몬경을 경전으로 삼는 것), 삼위일체론 부인(성부와 성자는 인간처럼 한 때 육체와 뼈를 가진 인간이었으나 신적인 존재가 되었고 그 본성도 각각 다르며 성령은 육체와 뼈가 없는 영적인 존재이기 때문에 우리 안에 거할 수 있다는 아리우스설 주장), 구원론(선행에 의한 구원의 가능성 주장)이 기존의 전통적인 기독교 신앙과 다르다는 것이다. 이에 반해 기독교라는 주장의 요지는 몰몬교인들도 예수 그리스도를 구주요 구원자로 믿으며 구원도 예수 그리

---

4) Bruce D. Porter, "Is Mormonism Christian?," *First Things* (October 2008): 35-38.
5) Richard Ostling, "Mere Mormonism," *Christianity Today* (February 7 2000): 72-73.

스도의 구속하시는 피로써만이 가능하다고 믿기 때문에 정통적인 기독교와 다르지 않다고 주장한다.[6] 여전히 '기독교'이지만 추가적인 성경(몰몬경)과 말세의 예언자인 스미스를 통해 성경과 예수 그리스도에 대해 더욱 잘 이해하게 되었다고 믿는 것이 '다를 뿐'이라고 주장한다.[7]

위의 두 견해 가운데 어느 견해가 옳은가 하는 문제는 보다 신학적인 주제이기 때문에 이 장에서는 신학적인 논쟁보다 1830년에 단 6명의 회원으로 시작한 몰몬교가 200여년도 채 안된 현재에 어떻게 그렇게 급성장하여 세계적인 종교로 성장하였는지 그 현황과 원인에 대해 종교사회학적으로 분석한 로드니 스타크의 이론을 살펴보자.

---

6) 몰몬교가 기독교인가의 문제를 두고 각 입장을 대변한 Bruce D. Porter & Gerald R. McDermott, "Is Mormonism Christian?," *First Things* (October, 2008): 35-41의 대담을 참조하라. 몰몬교가 전통적인 기독교와 다른 점들은 이밖에도 지속적인 예언의 가능성 인정, (죽은 자를 위한) 대리 침례(세례), 거룩한 성전에서 행해지는 천상의 결혼, 인간이 점차적으로 신이 될 수 있는 가능성, 몰몬교의 제사장에 흑인 임명을 금했던 일등이 있다. Schmalz, "Meet the Mormons: From the Margin to the Mainstream," 17. 많은 복음주의주의자들은 거짓된 신학과 성경 이외의 것을 믿기 때문에 몰몬교를 기독교가 아닌 이교로 보고 있다. "Mitt Romney's Problem," *The Economist* (September 30, 2006): 1-4. 실례로 루터교 목사인 필립 스포머(Rev. Philip Spomer)는 "만약 몰몬교인들이 그리스도인인 우리들과 동일하게 여겨지기를 진정으로 희망한다면, 그들은 그리스도인이 아닌 사람들에게만 자신들의 복음을 전해야 한다"고 주장한다. Rev. Philip Spomer, "Mr. Smith Goes to Nicea," First Things Letters of Correspondence 225 (February, 2009): 2. 다음의 책 또한 참조할 만하다. R. Philip Roberts, *Mormonism Unmasked* (Nashville: Broadman & Holman Publishers, 1998).

7) Robert L. Millet & Gregory C. V. Johnson, "Bridging the Divide," *USA Today* 138-2776 (January 2010): 26-8.

## II. 몰몬교의 성공 이유

### 1. 몰몬교의 연구의 시작

미국의 종교시장에서 몰몬교가 주목을 받게 된 계기 중 하나는 스타크가 1984년 몰몬교의 성장을 분석한 논문 "The Rise of a New World Faith"을 발표하면서 시작하였다. 이 내용이 주는 충격에 대해 미국의 유명한 교회사가인 시드니 알스트롬(Sydney Ahlstrom) 교수는 스타크가 미국의 종교사회학계에 '폭탄'을 투하했다고 말할 정도였다.[8] 이 논문에서 스타크는 만약 현재와 같은 속도(43%)로 몰몬교가 성장한다면 2080년경에 몰몬교 교인수는 최소 6천4백만명, 최대 2억6천 명에 도달해 의심할 여지없이 새로운 종교로 등장하여 세계의 4대 종교(유대교, 기독교, 이슬람, 몰몬교)가 될 것이라 예측하였다.

이러한 예측은 스타크가 대학원(University of California at Berkeley) 재학 시절 동료였으며 40년 이상 오랜 친구로 지내고 있는 대표적인 몰몬교 학자인 아만드 모스(Armand L. Mauss), 몰몬교의 통계연구 전문가 스탠 위드(Stan Weed), 브리검 영대학교(Brigham Young University)의 사회학과 교수인 제임스 듀크(James T. Duck), 로랜스 영(Lawrence Young)의 도움을 받아 가능하게 되었다. 대학원 재학 시절 친구인 모스의 권유로 몰몬교에 관심을 갖게 된 스타크는 10년 넘게 "어떻게 개인들이 새로운 종교운동에 가입하게 되는가?"의 주제를 연구하였고 이를 바탕으로 몰몬교가 어떻게, 그리고 왜 성공하게 되었는지를 자신의 주요 연구 과제로 삼게 되었

---

8) Stark & Neilson, *The Rise of Mormonism*, ix, 5.

다. 논문 발표 이후, 그동안의 최신의 연구 결과들을 포함하여 편집 자인 라이드 네일슨(Reid Neilson)의 도움으로 스타크는 2005년에 《몰몬교의 발흥》(The Rise of Mormonism)을 출판하게 된다.[9]

《몰몬교의 발흥》에서 스타크는 1830년-2080년까지의 몰몬교의 교인수의 증가를 예측하여 발표한다. 그의 예측에 따르면, 1830년 (280명), 1850년(51,389명, 증가율 207%), 1900년(283,765명, 41%), 1910년(398,478명, 40%), 1950년(1,111,314명, 29%), 1960년 (1,693,810명, 52%), 1970년(2,930,810명, 73%), 1980년(4,639,822 명, 58%), 1990년(7,761,207명, 67%), 2000년에는 11,068,861명으로 43% 증가했으며, 2080년에는 증가율을 30%로 계산할 때에는 63,912,423명, 증가율을 50%로 계산할 때에는 267,457,026명에 도달하게 된다.[10] 한두 세대가 지나기 전에 몰몬교가 미국에서 세계적인 종교 가운데 하나로 등장하게 된다는 것이다.[11]

물론 이러한 예측은 많은 비판을 불러왔지만, 여러 언론 매체들

---

9) Ibid., ix-1.
10) Ibid., 141.
11) 세계적인 종교가 되기 위해서는 다음 세 가지 기준이 충족되어야 한다. 신도수, 분포도(diffusion), 역사적인 중요성. 2003년 기준으로 몰몬교인들의 분포 현황은 미국(5,503,192명), 남미(2,818,103명), 멕시코(980,053명), 아시아 (844,091명), 중앙아메리카(513,067명), 유럽(433,667명), 남태평양(389,073 명), 아프리카(203,597명), 캐나다(166,442명), 카리브 해안(133,969명) 등이다. 사용 언어별로는 영어(5,620,000명), 스페인어(3,465,000명), 포르투갈 어 (847,000명), 한국어(74,000명)이다. Stark & Neilson, The Rise of Mormonism, 13, 140-2. 1844년 스미스의 암살 이후 브리검 영의 리더십이 거부되어 분파가 발생 이후로 현재까지 400여 개 이상의 몰몬교 그룹들이 존재하는 것으로 알려져 있다. Stephen D. Glazier, A book review of Newell C. Bringhurst & John C. Hamer, eds., Scattering of the Saints: Schism within Mormonism (Independence, Missouri: John Whitmer Books, 2007), Communal Societies, 31-1 (2011): 88-90.

(Time, U.S. News and World Report)이 관심을 가지고 보도하였고, 그 이후에 여러 학자들의 추가 연구로 스타크는 이 분야에서 명성을 얻게 되었다.[12] 몰몬교의 성장에 대한 스타크의 예측에 대해 여러 학자들이 계속적으로 검토하고 연구 결과들을 발표하였다. 그 중에서 대표적인 것은 Deseret News 2004 Church Almanac(Salt Lake City: Desecret News, 2004)가 발표한 것으로, 1990년에는 높은 수치로는 6,957,000명(전 세계 인구 중 0.1%, 낮은 수치는 6,029,000명(0.1%), 실제 연감 통계는 7,761,000명(0.1%), 2000년에는 10,435,551명(전 세계 인구 중 0.2%, 낮은 수치는 7,837,208명(0.2%), 실제 연감 통계는 11,100,000명(0.2%)), 2025년에는 28,757,175명(전 세계 인구 중 0.4%, 낮은 수치는 15,100,153명(0.2%)), 2050년에는 79,245,942명(전 세계 인구 중 0.9%, 낮은 수치는 29,093,858명(0.3%), 2100년에는 601,781,268명(전 세계 인구 중 5.8%, 낮은 수치는 108,004,354명(1.0%)에 도달하게 될 것이라 예측하였다.[13] 이 예측은 스타크의 예측과 비슷하며 실제로는 훨씬 더 성장하고 있음을 보여주고 있다.

## 2. 성공의 이유

스타크는 몰몬교가 급성장한 이유에 대해 먼저 사회적인 네트워크의 활용과 근대화의 산물인 세속화 이론의 극복을 들고 하나의 종교운동이 번성하기 위해서는 필요한 열 가지 필요한 조건들을 제시

---

12) 몰몬교의 성장률 예측은 David B. Barrett, George T. Kurian, and Todd M. Johonson의 *World Christian Encyclopedia*와 *World Christian Trends, A.D. 2200*을 통해서도 증명되었다. 그 밖에도 Kandall White, Douglas Davis, Terryl Givens, Elic Eliason과 같은 학자들이 스타크의 예측에 우호적이다. Stark & Neilson, *The Rise of Mormonism*, 6-8.

13) Ibid., 17.

한다.

## 사회적인 네트워크의 활용

스타크는 몰몬교의 성공은 초기의 기독교와 같이 집단 개종이 아니라 개인간의 유대를 통해 확장되었다고 주장한다. 다시 말해서, 다른 종교로부터 몰몬교로 개종하도록 영향을 주는 요인들은 교리(물론 헌신을 불러일으키고 유지하는 데에는 도움이 되기도 하지만)나 그 밖의 어떤 요인보다 친구, 가족, 친척과 같은 개인간의 유대관계가 훨씬 중요하다는 것이다. 스타크는 이러한 원리가 모든 종교운동에 적용된다고 주장한다. 기독교와 마찬가지로 몰몬교도 초창기에 사회에서 고립되거나 전혀 신앙생활을 하지 않은 사람들(종교적 자산을 전혀 가지고 있지 않은)보다는 친구들, 친척들, 가족들과 같은 유사한 종교적 자산을 가진 사람들을 대상으로 성공했다. 예수, 바울, 모하메드와 같이 몰몬교의 창시자 요셉 스미스(Joseph Smith Jr.)도 1823년 9월에 천사 모로니(Moroni)로부터 계시와 황금판(몰몬경)을 받은 이후에 그의 아버지, 어머니, 그의 아내 에마(Emma), 황금판을 번역하는 데에 도움을 주었던 올리버 코더리(oliver Cowdery), 코더리의 친구인 데이빗 휘트머(David Whitmer)등을 포함하여 1830년에 개인적인 친밀 관계에 있었던 23명의 회원을 중심으로 공식적으로 첫 번째 몰몬교를 시작하였다는 것이다.[14] 이러한 가족 중심의 시작은 사회의 영원한 기본 단위인 가족, 즉 하나님의 자녀들로 구성된 하나님의 나라를 향한 하나님의 창조적인 계획으로부터 시작되었다.[15]

---

14) Ibid., 3, 23-5, 47.

몰몬교는 시작부터 활발한 선교사업(실제로는 10%에 불과했다)보다는 교회 회원간의 친밀한 결속상태를 중심으로 이루어졌다고 보고 스타크는 새로운 신자에게 접근하는 몰몬교 내부의 "13가지 접근 방법"(thirteen-step set of instructions, 1974년)을 하나의 예로 든다. 이 접근 방법에 따르면, 5단계에 가서야 종교(신앙)이야기가 등장하며, 6단계에서는 목표로 하고 있는 가정에 몰몬교의 책자가 주어지고 관심을 가질 만한 주제가 주어진다(물론 논란을 불러 일으킬 만한 주제는 피한다). 7단계에서는 처음으로 몰몬교인의 가정에 초대해 성경공부에 참여할 수 있게 하며, 9-10단계에 도달해야 몰몬교의 공식 예배에 참석하게 된다. 12단계에서는 몰몬교에 대해 더욱 깊이 알도록 하게 하며, 이것이 성공적일 때 마지막 단계인 13단계에서 그 새로운 가족을 가르칠 선교사를 정하게 하고 있다.[16] 다시 말해서 새로운 신앙을 받아들이기 앞서 이러한 친밀한 관계 속에서 점차로 배우고 듣고 서로 닮아간다는 것이다.

### 세속화 이론의 극복

스타크는 세속화를 "하나의 종교기관이 점차적으로 영향력을 상실하는 과정"(정의 104)으로 정의하고,[17] 사회와의 긴장 정도가 너무

---

15) 탁지일 교수는 몰몬교와 통일교의 성장 중심에는 가족을 중시하는 교리가 있었음을 지적하고 이러한 가족들의 삶과 선교 노력들을 통하여 세계적인 종교로 성장할 수 있었다고 주장한다. 보다 자세한 내용은 Tark Ji-il, *Family-Centered Belief & Practice in The Church of Jesus Christ of Latter-Day saints & the Unification Church* (Peter Lang, 2003), 107-27를 참조하라.
16) Ibid., 79-80.
17) 세속화란 "종교적인 기관들이 점차적으로 힘을 상실해가는 것"(정의 104)으로 정의된다. Rodney Stark and William Sims Bainbridge, *A Theory of Religion*

높게 되면 그 속에 존재하는 어떤 종교는 주변의 여건과 보조를 맞추게 되고 그러면 자연스럽게 세속화 과정을 겪게 되어 이전에 강조하던 전통적인 가치들을 강요하지 못하게 되어 자신의 정체성을 상실한 무능한 종교의 상태가 된다고 주장한다.[18] 이 이론은 산업화, 도시화, 합리화(이성화) 등 모든 세계에 세속화가 진행되면 종교성은 감소하게 되고 기독교는 역사 속에서 사라지게 되며, 오직 소수의 종교 그룹들만 살아남게 될 것이라 예측한 미국의 저명한 사회학자 피터 버거(Peter Berger)의 세속화이론(the theory of secularization)에 의해 뒷받침되었다.[19]

하지만 버거 자신이 1997년에 자신의 세속화이론이 잘못된 전제 위에 세워진 잘못된 이론임을 밝히며 공개적으로 종교는 지금도 계속 번영하고 있으며 앞으로도 더욱 활발해질 것이라는 사실을 지적한 바와 같이, 몰몬교는 이러한 위기의 상황(세속화와 국가와 사회의 위기)에서 오히려 성공했다고 스타크는 강조한다. 극단적인 세속화의 순간에, 다시 말해서 전통적인 종교가 너무 약해질 때, 오히려 새로운 종교 운동은 출현하며 성공할 가능성이 높다는 것이다.

---

(New York: Peter Lang, 1987), 293. 세속화와 종교의 성장과의 관계에 대해서는 다음의 자료들을 참조하라. 김태식, "로드니 스타크의 교회(Church), 분파(Sect), 이교(Cult) 이론 이해와 의의: 기독교의 사회적 형태에 대한 종교사회학적 이해," 〈역사신학논총〉 22집(2011): 127-56; "로드니 스타크의 종교의 합리적 선택이론: 개인과 사회적인 신앙(교회) 상호관계의 기초 원리에 대한 종교사회학적 접근," 207-240; Finke and Stark/김태식 역,《미국종교시장에서의 승자와 패자》(서울: 서로사랑, 2009).

18) Stark and Bainbridge, *A Theory of Religion*, 309.
19) 버거에 대한 개괄적인 설명은 다음을 참조하라. "Peter L. Berger" from Wikipedia, the free encyclopedia: http://en.wikipedia.org/wiki/Peter_L._Berger 2012년 11월 9일 접속.

1) 한 사회가 더욱 근대화 될수록, 그 사회의 전통적인 종교 단체는 더욱 세속화(더욱 약화되고 더욱 세상적) 된다. 2) 그 사회가 덜 세속화 될수록, 분파 운동들(전통적인 종교전통을 유지하면서 분파적이며 보다 높은 긴장을 유지하는 단체들)의 성공 가능성은 더욱 크다. 3) 그 사회가 더욱 세속화 될수록, 새로운 종교들(전통적이지 않은 종교 전통을 주장하는 이교 운동들)의 성공 가능성은 더욱 크다."[20]

근대화가 더욱 진행되고 있는 서부 유럽(영국, 스칸디나비아)과 남미의 여러 나라들과 같은 지역에서 몰몬교는 오히려 성장했다고 스타크는 주장한다. 근대화되는 국가에서 세속화는 피할 수 없는 현상이지만 그럴수록 새로운 종교운동들이 성장할 기회는 더욱 크다는 것이다.[21] 물론 현재의 종교시장에서 가장 현저하게 성장하고 있는 세 종교인 몰몬교, 여호와의 증인, 제칠일안식교의 성장을 분석한 라이언 크래건(Ryan T. Cragun, Tampa대학)과 로날드 로슨(Ronald Lawson, Queens대학, CUNY)은 몰몬교를 포함하여 처음에는 현저한 성장률을 보이다가 그 사회가 보다 경제적으로 발전하게 되면 성장률이 하락한다는 사실을 발표하였다.[22] 하지만 스타크는 1830년 이래로 여러 가지 수량적인 자료들을 분석하여 오히려 세속화가 진행될수록 몰몬교는 폭발적으로 성장했고 그 성장의 주요 원인을 10가지로 설명한다.

---

20) Stark & Neilson, *The Rise of Mormonism*, 101.
21) Ibid., 101-103.
22) Ryan T. Cragun & Ronald Lawson, "The secular Transition: The Worldwide Growth of Mormonism, Jehovah's Witnesses, and Seventh-day Adventists," *Sociology of Religion* (April 9 2010): 349-373.

## 10가지 원인

(1) 문화적 연속성을 보존하였다: "새로운 종교운동들은 그들이 개종자들을 찾고 있는 그 사회들의 전통적인 신앙(들)과 문화적인 연속성을 보존하는 정도에 따라 성공하는 듯하다."[23]

고대교회(the ancient church, 유대, 기독교 전통)의 회복을 목표로 시작한 몰몬교는 처음부터 기독교의 문화에 깊이 뿌리를 두고 신구약성서를 자신들의 경전으로 받아들였기 때문에, 기독교인들이 몰몬교인이 되는 일은 그리 큰 변화를 겪지 않아도 되었다고 주장한다. 몰몬경에 따르면, 원래 콜롬비아 이전에 아메리카에 거주했던 미국 사람들의 조상들은 바벨론 포로기 이전에 예루살렘을 떠나 바다를 건너 새로운 땅에 도착한 아브라함의 직접적인 자손인 레히(Lehi)의 후손들이다. 이 레히의 두 아들 중 악한 아들인 레이맨(Laman)은 레이맨족(the Lamanites)을 이루고, 신앙심이 깊은 아들인 네피(Nephi)는 네피족(the Nephites)을 이루어 미국 땅에 거주하게 됨으로써, 몰몬교는 미국과 남미 여러 국가들의 종교문화와 상당한 연속성을 가지게 되어 보다 쉽게 여러 문화들에 접근할 수 있었다고 주장한다. 따라서 미국에서 시작한 몰몬교는 미국주의(Americanism) 성격을 띨 수밖에 없었고 이러한 특성은 많은 남미의 개종자들에게 매력적으로 보이게 되었다고 주장한다.[24]

하지만 몰몬교의 이와 같은 과거의 특정 종족과 혈통, 그리고 문화에 대한 개념은 19세기의 지적인 환경에서 형성되었다고 비판 받게 되었다. 특별히 몰몬교인들은 유대인들의 팔레스타인에로의 귀환을

---

23) Stark & Neilson, *The Rise of Mormonism*, 115.
24) Ibid., 115-9.

종말의 가장 중요한 증표로 받아들였으며 'Anglo-Saxon trium-phalism'(British Israelism + Anglo-Saxon triumphalism)이라는 어느 한 특정 민족의 우월의식을 가지고 있었다. 정치적, 군사적, 과학적, 문화적, 인종적으로 우월하다는 이 이데올로기는 1830년대부터 1870년에 영국, 스칸디나비아, 독일 등에서 유행했던 사상으로 잃어버린 레이맨족을 찾기 위한 몰몬교의 노력은 미국의 인디언들, 멕시코인, 라틴아메리카인, 폴리네시아인, 뉴질랜드의 마오리족으로 확대되었다. 이렇게 몰몬교는 급변하는 시대에 따라 자신들의 정체성과 입장을 변화시키는 능력을 보여주었다고 스타크는 설명한다. 몰몬교는 1960년에 이르러 유대인들은 개종이 불가능하다는 사실을 깨닫고 유대인 개종 정책을 폐지하게 되었고 20세기 후반부에 와서는 인종의 문제를 초월하여 그리스도의 피가 이스라엘의 피를 대체한다고 주장하기에 이르렀다. 비록 몇 가지 면에서는 몰몬교의 입장이 변화되었지만 그들은 여전히 미국적인 문화 배경 하에서 문화적인 연속성을 유지하려 노력하고 있다.[25]

(2) 경험되지 않는 교리적인 문제들을 심각히 여기지 않았다: "새로운 종교운동들은 그들의 교리들이 경험되지(nonem-pirical) 않는 정도에 따라 성공하는 듯하다."[26]

종교에 있어서는 경험을 초월해 있는 것들(경함되지 않는 것들)이 더욱 사실로 받아들여진다는 점이다. 수많은 복음주의자들이 노아의 홍수사건으로 인해 어려움을 겪지 않는 것처럼, 몰몬교인들도 레히

---

25) Armand L. Mauss, "Mormonism's Worldwide Aspirations and its Changing Conceptions of Race and Lineage, *Dialogue: A Journal of Mormon Thought* 29-1 (Spring 1996): 103-33.
26) Stark & Neilson, *The Rise of Mormonism*, 119.

의 말들에 대한 이야기와 신세계(미국을 가리킴)에 대한 고고학적인 발굴과 몰몬경의 이야기가 일치하지 않는 것에 대해 별 어려움을 느끼지 않았다는 것이다.[27] 1844년 스미스가 암살당한 이후 브리검 영(Brigham Young)의 리더십을 거부하여 분파가 발생한 이후 지금까지 대략 400개 이상의 그룹들이 존재하지만 교리상으로 큰 어려움을 겪고 있지 않는다.[28]

(3) 중간 정도의 긴장관계(엄격성)를 유지하였다: "새로운 종교운동들은 주변 환경에 대해 중간 정도의 긴장관계(엄격하지만 지나치게 엄격하지 않은)를 유지하는 정도에 따라 성공하는 듯하다."[29]

몰몬교는 처음에는 비교적 긴장관계가 높았지만, 점차 주변의 사회와 큰 마찰을 일으키지 않을 정도로 긴장 정도를 낮추었다. 미국 사회에서 문제가 되었던 일부다처제 문제와 전 세계적으로 마찰을

---

27) Ibid., 119-20.
28) Bringhurst and Hamer, Eds., "Scattering of the Saints: Schism within Mormonism," 88-90.
29) Stark & Neilson, *The Rise of Mormonism*, 121. 스타크는 긴장을 "그 개인을 둘러싸고 있는 사회문화적인 환경에서의 모순의 조건"으로 정의한다. Stark and Bainbridge, *A Theory of Religion*, 202. 또 다른 곳에서는 긴장을 "하나의 종교적인 그룹과 그 외부의 세계 사이에 독특성, 분리, 대립의 정도"로 정의한다. Roger Finke and Rodney Stark, "The New Holy Clubs: Testing Church-to Sect Propositions, *Sociology of Religion* 62, no. 2 (S 2001): 176. 긴장 정도에 따라 교회(church)는 가장 낮은 단계로 이미 설립되어 기득권을 누리는 사람들이 지배하는 종교단체이며, 분파(sect)는 보다 높은 긴장관계를 유지하며 기독교 전통 안에 머물면서 교회에서 분리되어 나온 종교단체이며, 이교(cult)는 기독교의 신앙체계와 전혀 다른 이질적인 신앙을 가지고 있는 종교 단체로 정의된다. Stark and Bainbridge, *The Future of Religion: Secularization, Revival and Cult Formation* (Berkeley and Los Angeles, Calif.: University of California Press, 1985), 15; Stark and Bainbridge, *A Theory of Religion*, 157.

불러일으켰던 백인들만을 몰몬교의 사제로 임명하는 일들은 몰몬교가 폐기함으로써 중간적인 긴장 강도를 유지해 나갔다. 1852년 브리검 영은 매춘, 경제적인 착취, 유아 유기와 같은 사회적인 폐습을 해결하기 위해 일부다처제와 다산을 공개적으로 선언하게 되었다. 하지만 1880년대에 미국의 연방정부가 일부다처제를 기소하기 시작하자 몰몬교는 1890년 이전에 결혼한 경우를 제외하고 일부다처제를 금지시켰고 1978년 흑인을 포함한 모든 남자들을 사제로 임명하겠다고 선언하였다.[30]

하지만 여전히 주변의 사회로부터 긴장관계에 놓여 있는 것들이 몰몬교 안에 존재한다. 그것은 엄격한 도덕성과 전통적인 종교와 다른 신학들이다. 일반적으로 그들은 카페인을 함유하고 있는 커피, 차와 같은 음료수와 술, 흡연을 여전히 금지하고 있다. 또한 하나님과 그의 아내에 대한 신앙과 그들의 인성 소유, 모든 인간의 불멸의 영혼(신적 실체) 소유, 몰몬교 부부들의 영원한 그리고 천상의 결혼과 같은 교리들은 여전히 주변 사회와 긴장관계를 형성하고 있는 요인들로 지적되고 있다.[31]

그럼에도 불구하고 몰몬교는 여전히 종교산업에서 독특한 생산품들을 지속적으로 생산하고 있다. 주요 고객들은 새로운 종교로 개종

---

30) Rey B. Zuck, a book review of Robert L. Millet, *The Vision of Mormonism: Pressing the Boundaries of Christianity* (St. Paul, MN: Paragon House Publishers, 2007), *Dialogue & Alliance* 21-2 (Fall/Winter, 2007): 97-99. 몰몬교는 1890년대에 일부다처제를 포기할 것을 선언했지만 그 자체를 부인하거나 교리를 부정하지는 않았다. 몰몬교의 대다수는 실행하지 않을 뿐 미래의 어느 날에는 가능할 것이라 믿고 있다. O. Kendall White, Jr. and Daryl White, "Polygamy and Mormon Identity," *The Journal of American Culture* 28-2 (June 2005): 165-77.
31) Stark & Neilson, *The Rise of Mormonism*, 121-3.

해도 별로 잃은 것이 없는 종교에서의 소비 주도층들인 젊은이들과 종교, 사회적으로 소외된 사람들이다. 아망 모스(Armand L. Mauss)는 로마제국의 영향력이 초대교회 성장에 커다란 영향을 끼쳤듯이 몰몬교의 성장 또한 미국의 문화, 정치적인 영향력이 결정적이었다고 주장한다. 영어 사용을 포함하여 전통적인 미국의 가치인 가족 중시, 교육 중시, 자제(self-descipline)강조, 적극성(upward mobility) 등을 몰몬교가 강조함으로써 미국의 영향력이 미치는 여러 나라들(남미가 대표적)에서 몰몬교의 선교가 보다 효과적이었다고 주장한다. 몰몬교의 이러한 미국적인 경향은 각 선교지에 따라 도움이 되거나 방해가 되었지만 몰몬교는 각 나라에서 최적의 긴장상태를 유지하려고 노력 중이다. 너무 높아도 종교 기관은 급격히 쇠퇴하게 되고(1890년대의 몰몬교), 너무 낮으면 호소력이 약화되기 때문이다. 결론적으로 최적의 긴장 상태가 종교의 미래를 결정한다고 모스는 보고 있으며 몰몬교가 이 문제에 있어서 균형을 맞추고 있다는 것이다.[32]

---

32) 위의 내용을 포함하여 합리적 종교 선택이론의 주요 내용, 몰몬교의 성장에서의 긴장강도의 변화, 각 선교지에서의 미국 영향력, 몰몬교의 상황화의 문제점등에 대해서는 다음의 글을 참조하라. Armand L. Mauss, "Mormonism in the Twenty-first Century: Marketing for Miracles," *Dialogue 29-1* (Spring 1996): 236-249. 통계에 따르면, 제2차 세계대전 이후 가톨릭이 주 종교였던 남미 대륙에 지난 30여년 동안 인구의 20% 정도가 새로운 종교로 개종했다. 주로 오순절, 여호와증인, 몰몬교로 몰몬교의 경우 1987년-1989년 사이에 거의 100만 명의 새로운 개종자들이 증가했고 이 비율은 남미 대륙의 새로운 개종자 비율 중 60%를 넘는 수치이다. 남미에서 상대적으로 몰몬교 인구가 높은 나라는 Argentina, Brazil, Chile, Ecuador, Guatemala, Mexico, Peru이다. David Clark Knowlton, "Mormonism in Latin America: Towards the Twenty-first Century," *Dialogue: A Journal of Mormon Thought 29-1* (Spring 1996): 159-176.

(4) 적합한 권위를 지닌 합법적인 지도자들을 가지고 있었다: "새로운 종교들은 적합한 권위를 가지고 일을 수행하는 합법적인 지도자들을 가지는 정도에 따라 성공하는 듯하다."[33]

몰몬교의 지도자들 중 최고 의사결정 단체인 12사도 위원회 위원들과 그 의장(전직 위원)은 예언자, 계시자(revelator)로서 간주되며 세속의 일들과 영적인 일들을 모두 감독한다. 이들의 의해 일부다처제는 배교 행위로, 간통 행위자들은 출교된다. 이들 이외에 몰몬교의 구성단위들인 지방분회(ward)와 여러 지방 분회들로 구성된 교구(stake)의 지도자들은 모두 스스로 생활비를 벌어 활동하는 평신도 지도자들(주로 세상에서 성공한 직업을 가진 사람)로 몰몬 교회와 각 조직을 위해 시간, 봉사, 물질들을 아낌없이 드린다.[34]

(5) 자원하는 수많은 노동력을 가지고 있었다: "종교적인 운동들은, 선발되기를 원하는 많은 구성원들을 포함하여, 아주 강하게 동기 부여된 자원자들을 소유하고 있는 정도에 따라 성공하는 듯하다."[35]

몰몬교는 각 지역 교회마다 상당한 자원자들을 소유하고 있는데, 2002년의 통계에 따르면, 165개국에 61,638명의 전임 선교사들(주로 19-25세 사이로 젊은 남자 75%, 젊은 여자 18%, 좀 더 나이든 부부들 7%)이 봉사하고 있었다. 같은 지역에서 선교했던 사람들이 후에 다시 모임을 만들고 몰몬교의 여러 지역들과 기관들을 주기적으로 방문함으로써 결속을 다지고 있다.[36]

---

33) Stark & Neilson, *The Rise of Mormonism*, 124.
34) Ibid., 125-7.
35) Ibid., 127.
36) Ibid., 127-130.

(6) **충분한 다산정책을 유지하였다**: 성공하기 위해서 "종교적인 운동들은 최소한도로 사망하는 구성원들을 상쇄하기에 충분한 수준의 다산률을 유지하여야 한다."[37]

몰몬교인의 가족의 수가 비몰몬교의 가족보다 더욱 많으며, 많은 개종자들을 얻지 못했지만 다산정책을 폈던 아미쉬 종교 단체(the Amish)와 초대 기독교는 성공한 반면 다산정책을 유지하지 못한 크리스챤 사이언티스트(the Christian Scientists)들은 노인들만 증가하여 결국 소수 종교로 전락하게 되었다고 스타크는 주장한다.[38] 이러한 주장은 높은 출산율을 유지하였던 남미에서 여호와증인, 하나님의 성회를 포함하여 몰몬교는 성장한 반면, 낮은 출산율을 유지하였던 일본이나 북서 유럽 등지에서는 몰몬교의 성장이 정체되어 있는 통계에 의해 뒷받침 되고 있다.[39] 바로 이 점에서 주목할 만한 것은 미국 내에서의 출산율이 상대적으로 높은 히스패닉 몰몬교인들의 급성장이다. 이들의 교인수는 지난 20년 동안 49,000명에서 200,000명으로 늘어났으며 2007년에는 312,000명으로 미국 총 인구 중 11%를 차지하게 되었다.[40]

(7) **새로운 종교운동에 보다 적합한 여건들(생태학적인 요인들)이 조성되어 있었다**: "다른 것들이 동일한 조건이라면, 새롭고 전통적이지 않은 종교단체들은 비교적 간섭받지 않는 종교경제 안에서 약화된 지역적이며 전통적인 종교단체들에 맞서서 경쟁하는 정도에 따라 번영

---

37) Ibid., 131.
38) Ibid., 131-132.
39) Armand L. Mauss, "Guest Editor's Introduction," 1-7.
40) Matt Homer, "Latter Days: Mormons in Politics," *Harvard Kennedy School Review* 9 (2009): 38-43.

하게 될 것이다."[41]

전통적인 교회 교인들의 출석률이 상대적으로 낮거나 전통적인 교회들이나 기독교인들이 적은 지역에서 몰몬교는 더욱 성장했다. 스타크는 대부분 동일 집단으로 구성되어 엄격성을 유지한 몰몬교와 극장 관객 수준의 엄격성을 유지했던 자유주의 교단의 차이를 설명하고, 어떤 종교단체에서의 헌신은 개인간의 결속력에 의해 유지되며, 이러한 헌신에 참여함으로써 얻게 되는 여러 만족들(호의, 존경, 사회성, 교제)이 결국 몰몬교를 성공하게 만들었다고 주장한다.[42]

(8) 내부의 결속력을 다지고 외부에 개방적인 네트워크를 지니고 있었다: "새로운 종교운동들은 외부 사람들과 유대관계를 형성하고 유지할 수 있는 사회적인 네트워크를 유지하면서, 강한 내적인 결속력을 유지하는 정도에 따라 성공하는 듯하다."[43]

몰몬교는 지방분회 모임장소(the ward hall)를 통해 예배뿐만 아니라 각종 사회활동들(소년 소녀단 활동, 스포츠 팀, 십대, 신혼 부부들, 미망인들과 같은 사람들을 위한 각종 활동들)을 펼치고 지방분회를 통하여 수많은 자원봉사자들이 대 사회봉사활동(병원과 양로원 방문, 환자들과 노인들에게 음식 전달, 아이들 돌봄 등)을 펼친다. 특별히 몰몬교는 '신학교 시스템'(the seminary system)이라 불리는 것을 실시하는데, 이것은 십대들이 정기수업(미국의 학교수업)을 시작하기 전에 종교적인 교육을 실시하는 것이다. 이 교육수업에는 몰몬교가 금지하는 것들(혼전성교, 커피, 알콜, 담배, 마약 등)에 대한 교육이 진행되고 이를 통해 십대들간의 유대관계를 강화하며 잠재적

---

41) Stark & Neilson, *The Rise of Mormonism*, 132.
42) Ibid., 132-134.
43) Ibid., 134.

인 몰몬교인들로 만들어 간다.[44]

(9) 종교적인 엄격성을 유지하였다: "종교적인 운동들은 그들의 환경과 충분히 긴장관계(엄격성)를 유지하는 정도에 따라 성공하는 듯 하다."[45]

위의 (3)에서 이미 언급하였듯이, 일부다처제와 백인 남성들만 사제로 임명되었던 정책들이 폐기되었고 점차로 여성들의 역할이 증가하도록 교회의 교리나 정책들을 수정하고 있다(긴장관계를 낮추고 있다). 하지만 동성애 반대법안(동성애결혼 반대법안)으로 알려진 캘리포니아의 법안 8(Proposition 8)을 지지하여 상당한 액수의 후원금(2천만 달러 정도)을 보냈으며 낙태법도 반대하고 있다.[46] 뿐만 아니라 몰몬교는 여전히 교회와 가정에서 남성 중심적인 기조와 다산정책을 유지하며 신앙의 엄격성을 유지하고 있다. 이러한 정책은 새로운 개종자들과 함께 오히려 몰몬교가 성장하는데 중요한 역할을 감당하고 있다.[47]

(10) 효과적인 사회화(effective socialization)를 잘 수행하였다: "종교적인 운동들은 이탈과 감소하는 엄격성에 대한 반발(ap-peal)을 약화시킬 뿐 아니라 젊은이들을 성공적으로 사회화해야 한다."[48]

몰몬교 특징 중 하나는 젊은 10대들이 많다는 것이다. 이 10대들은 선교사 지원, 몰몬교의 역사와 교리 공부 등 많은 시간과 노력을

---

44) Ibid., 134-5.
45) Ibid., 135.
46) Matt Homer, "Latter Days: Mormons in Politics," 39-40.
47) Stark & Neilson, *The Rise of Mormonism*, 135-6.
48) Ibid., 136.

투자하는 그룹으로, 몰몬교의 엄격성은 오히려 이들에게서 보다 높은 헌신도를 효과적으로 이끌어내는데 도움이 되었다. 특별히 신앙심이 깊으며 사회에서 성공한 장성한 몰몬교인들은 자라나는 몰몬교의 젊은이들에게 "성공하는 사람들은 신앙을 가진 사람들이다"(Successful people are religious people)라는 것을 심어주며 그 신앙 단체로 불러들이고 있다.[49]

스타크는 위의 10가지 요소들을 질적으로나 양적으로 가지고 있는 몰몬교가 "어떻게 성공하지 않을 수 있는가?"(How Could they not succeed?) 하고 반문하고, 30% 성장률을 기준으로 할 때 2080년에 몰몬교인의 총 수는 64,000,000명에 도달할 것이며, 50% 성장률을 기준으로 할 때 276,000,000명에 도달할 것이라고 재차 확신을 표시한다. 몰몬교가 갑자기 쇠퇴할 이유가 없다는 것이다.[50]

> 물론, 나의 예측을 증명할 수는 없다. 하지만 나의 예측들을 취소할 이유를 발견할 수 없었다.… 모든 것들을 비교해 볼 때, 실제적인 (성장)비율은 보다 높은 예측을 훨씬 더 초과하였다.… 앞으로 77년이란 세월이 남아 있다고 치자. 하지만, 지금까지는, 꽤 괜찮은 편이다(so far, so good).[51]

---

49) Ibid., 136-7.
50) Ibid., 138-42.
51) Ibid., 146.

III. 생각할 점

사회적인 네트워크의 활용, 세속화 이론의 극복, 10가지 이유들을 제시하며 몰몬교의 급성장을 분석하고 100년 이후의 몰몬교를 예측한 스타크의 주장은 그 당시에 상당한 반향을 불러일으켰다. 하지만 그 이후로 계속되는 연구 결과들은 좀 다른 예측 결과들을 제시하고 있다.

첫째, 몰몬교의 성장률이 과대평가되었다는 주장이다. 몰몬교의 세계적인 양적인 팽창을 연구하였던 캘리포니아대학의 릭 필립(Rick Phillips) 교수는 몰론교의 교인수는 과장되었고 새로운 종교로 부르는 것도 시기상조라고 주장한다. 최근에 몰몬교가 너무 숫적인 성장에 집중한 나머지 침례 받은 수는 늘었지만 교회에 남는 수는 오히려 줄었다는 것이다. 들어오는 것에만 관심을 두고 떠난 비율에는 신경 쓰지 않았다는 것이다. 즉 몰몬교가 떠난 사람들을 교인수에 포함하고 있어 숫자를 부풀리고 있다는 것이다.

라틴아메리카 국가 중 가장 몰몬교 인구가 높은 멕시코의 경우 (2000년) 몰몬교인들이 882,953명이라고 주장하지만 실제로는 205,229(23.2%)명에 불과하며, 뉴질랜드의 경우(2000년)에도 91,229명이라 주장하나 실제로는 39,915명이다. 가장 많은 개종자들을 얻었던 지역에서 가장 낮은 정착율을 보인다는 것이다. 유럽의 경우 31%, 남아프리카의 경우 8%, 아시아와 아프리카의 경우 25%, 캐나다, 남태평양, 미국의 경우에도 40-50%로 전체적으로 낮은 교회 참석율을 보여주고 있다. 캐나다와 미국이 비교적 높은 정착율을 보여주고 있기 때문에 몰몬교는 여전히 "서반구의 현상"(a western hemisphere phenomenon)에 불과하다고 필립 교수는 주장한다. 최근에 몰몬교가 선교 정책을 수정하기 시작한 이유가 정착율의 중요성을 인식한 결과라는 것이다.[52] 헨리 고렌(Henry Gooren) 교수 역시 몰몬교의 개종자들 가운데 정착율이 50% 미만이며 라틴 아메리카 지역도 성장률이 상당히 감소하고 있을 뿐만 아니라 전체적으로 다른 나라들도 연평균 성장률이 인구성장율과 비슷하다고 주장하며 위의 견해를 뒷받침하고 있다.[53]

둘째, 세계적인 종교로 성장하는 것에 방해가 되는 문화적인 요소들이 여전히 존재하고 있다는 주장이다. 특별히 남성 우월주의 의식이 아직도 존재하고 있다. 젊은 여자들을 선교사로 임명하는 것을 꺼려하고 있으며(선교사의 1/4에 해당) 몰몬교의 최고 의사결정 기관인 12사도위원회의 모든 회원들이 남성들이다. 문화적인 다양성을 포용하지 못하는 것 또한 문제로 지적되고 있다. 영어가 몰몬교의 공통 언어로 계속 사용되고 있으며 미국과 유타의 문화가 지배적이다.[54] 몰몬교가 세계적인 종교로 성장하기 위해서는 성차별 의식과 지배적인 특별한 문화 의식을 벗어나야 한다는 지적이다.

셋째, 몰몬교의 해외선교 정책은 아직도 수정의 여지가 많다는 것이다. 몰몬교가 세계적인 종교가 되기 위해서는 전통적인 기독교와

---

52) Rick Phillips, "Rethinking the International Expansion of Mormonism," *Nova Religio: The Journal of Alternative and Emergent Religions* 10-1 (2006): 52-68.
53) Henry Gooren, a book review of Rodney Stark, The Rise of Mormonism, *Journal for The Scientific study of Religion* 48-1 (2009): 209-211.
54) Lowell C. 'Ben." Benton and Lawrence A. Young, "The Uncertain Dynamics of LSD Expansion, 1950-2020," *Dialogue: A Journal of Mormon Thought 29-1* (Spring, 1996): 8-32.

너무 다른 교리들의 수정이 불가피하며 해외 지역에서 본토인 선교사들을 보다 적극적으로 선발해야 한다는 주장이다. 특별히 전통의 기독교와 너무나도 다른 교리들과 몰몬교회들이 실천하고 있는 독특한 의식들은 전 세계적인 확장에 걸림돌이 되고 있다. 현대의 몰몬교는 교리적으로 그리고 사회적으로 자신들의 정체성을 잃어가고 있으며 전세계적으로는 근본주의자들 혹은 권위주의적인 종교단체로 인식되어 미국의 종교시장에서 더 이상 매력적으로 받아들여지고 있지 않다는 비판이 제기되고 있다.[55]

몰몬교가 전 세계적인 종교로 성장하는 것을 더디게 하는 요소들이 여전히 존재함에도 불구하고 미래의 어느 날에 몰몬교가 전 세계적인 종교로 등장할 것이라는 점에 대해서는 많은 학자들간에 의견의 일치를 보고 있다. 몰몬교도 끊임없이 정체성 문제와 씨름하고 있으며 주변 사회와 타협(화해)을 시도하고 있기 때문이다.

정작 미국의 종교시장에서 몰몬교보다 더욱 심각한 현상은 기존의 전통적인 주류 교단들이었던 성공회, 회중교회, 장로교, 감리교의 지속적인 쇠퇴뿐만 아니라 최근까지 미국교회 성장을 주도했던 미국의 남침례교회(SBC)도 최근 몇 년 사이에 하락세로 돌아섰다는 점이다. 그리고 교단의 명칭 변경까지 논의되고 있는 심각한 상황이다.

이에 반해 이단시되며 변방에 머물러 있었던 몰몬교, 여호와의 증인, 제칠일안식일 교회 등이 미국의 종교시장에서 순위권(25위) 안에 들어왔으며 한국의 신자율도 지속적으로 줄어드는 오늘의 현상에 대해 한국의 교회는 어떻게 받아들여야 할까?

---

55) Gordon Shepherd and Gary Shepherd, "Membership Growth, Church Activity, and Missionary Recruitment," *Dialogue: A Journal of Mormon Thought 29-1* (Spring, 1996): 33-57.

오히려 몰몬교의 성장의 원인으로 지목되었던 스타크의 10가지 분석에서 한국교회는 도움을 받을 수는 없는 것일까?

# 결론

오늘날 우리 목회 현장은 지각 변동의 위기 상황에 처해 있다고 말할 수 있다. 그야말로 폭풍 전야에 놓여 있다. 곧 닥쳐올 변화와 위기에 근본적인 대처 방법을 모색하지 않으면 미래의 우려는 현실로 다가올 것이다. 21세기 기독교계의 특징은 다음과 같다.

**첫째**, 전통적인 주류 교단들의 쇠퇴와 신흥 종교들의 놀라운 성장이다(2011년 NCC, USA 참조). 이미 언급했듯이, 전통적인 주류 교단으로 분류되었던 미국의 회중교회, 성공회, 미국장로교, 루터교, 연합감리교 등의 지속적인 쇠퇴와 더불어 최근에는 지난 100여 년 동안 미국교회 성장을 주도했던 남침례교마저 쇠퇴의 길로 들어섰다는 통계는 미국 기독교계에 큰 충격을 주었다. 이에 반해 미국에서 소수의 교단 혹은 기독교 분파로 취급하던 몰몬교, 하나님의 성회, 여호와의 증인, 제7일 안식일교, 기타 여러 초교파 교회들은 파죽지세로 그 영향력과 수를 확장해가고 있다. 더욱이 이러한 성장은 미국에서 기독교 인구가 줄어드는 상황에서 벌어지고 있어 그 심각성은 더해가고 있다. 도대체 무슨 일이, 어떻게 일어나고 있는 것일까?

최근 미국의 조사 전문기관인 the Pew Research Center(http://www.pewforum.org/2015/05/12/americas-changing-religious-landscape)에 따르면, 미국의 종교 지도는 크게 변화하고 있다. 2007년부터 2014년까지의 미국의 총 인구 대비 종교인구 변동률에 따르면, 주요 교단은 2007년 18.1%에서 2014년 14.7%(-3.4%), 복음주의 개신교는 26.3%에서 25.4%(-0.9%), 가톨릭은 23.9%에서 20.8%(-3.1%), 초교파는 16.1%에서 22.8%(+6.7%), 타종교(유대교, 이슬람, 불교, 힌두교 등)는 4.7%에서 5.9%(+1.2%) 성장하였다. 주요 교단들의 쇠퇴와 분파형 기독교와 초교파들의 성장과 더불어 미국의 종교시장에서 인종의 다양성과 그 영향력도 증가하고 있음을 볼 수 있다.

### 기독교의 인종과 민족의 다양성의 증가
Increasing Racial and Ethnic Diversity Within Christianity

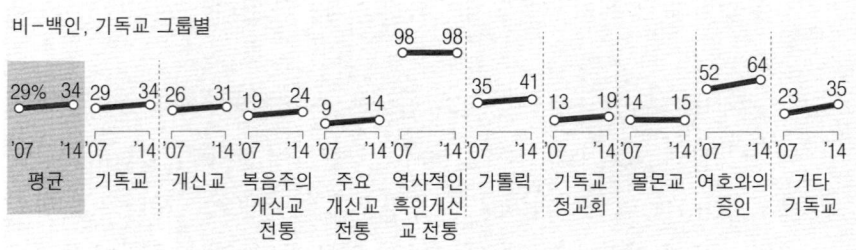

출처: 2014년 6월 4일부터 9월 30일까지 시행한 2014 종교지도연구. 백인은 히스패닉이 아닌 사람들만을 포함하며 비-백인은 흑인, 아시아인, 혼합인종, 히스패닉등을 포함한다.
Pew Research Center

모든 교단 안에서 백인들의 숫자가 줄어들고 있는 반면, 흑인들과 라틴아메리칸, 아시아인들의 숫자는 계속 늘어나고 있다. 2010년 이래로 거의 10명 중 4명 정도(39%)가 종교적으로 인종이 혼합된 결혼을 하고 있으며, 이것은 1960년에 19%였다는 것을 볼 때 교회 내에 얼마나 인종이 다양해지고 있는지를 알 수 있다. 인종의 다양성과 함께 각 교파별 신자 평균 연령은 한층 더 심각성을 더해주고 있다. 2007년 이후 주요 개신교 신자 평균연령은 53세, 가톨릭은 49세, 일반 성인 평균연령은 46.4세인 반면, 초교파는 36세까지 떨어졌다. 무엇을 말하는가? 시간이 갈수록 적어도 기존의 전통적인 교단에게는 미래가 전혀 밝지 않다는 것과 교계의 주요 세력이 분파형 기독교로 이동 중임을 부인할 수 없다.

### 초교파는 종교의 이동으로 큰 성장을 이룬 반면 가톨릭과 주요교단들은 큰 빼앗김으로 고통을 당함

| 미국 성인율 | 그룹에서 성장 % | 그룹을 떠남 % | 그룹에 들어옴 % | 현재 그룹에 속해있음 % | 순 변화 |
|---|---|---|---|---|---|
| **기독교** | 85.6 | −19.2 | +4.2 | 70.6 | −15.0 |
| 개신교 | 50.2 | −13.0 | +9.4 | 46.5 | −3.7 |
| 복음주의 | 23.9 | −8.4 | +9.8 | 25.4 | +1.5 |
| 주요교단 | 19.0 | −10.4 | +6.1 | 14.7 | −4.3 |
| 역사적으로 흑인 | 7.3 | −2.2 | +1.4 | 6.5 | −0.8 |
| 가톨릭 | 31.7 | −12.9 | +2.0 | 20.8 | −10.9 |
| **초교파** | 9.2 | −4.3 | +18.0 | 22.8 | +13.6 |

출처: 2014년 6월 4일부터 9월 30일 까지 시행한 2014 종교지도연구.
Pew Research Center

그러면 한국의 기독교계 상황은 어떠한가? 한국의 상황 역시 미국과 크게 다르지 않다. 지난 2011년 미래목회포럼이 주최한 '한국의 종교인구 이동에 대한 분석'(2011년 12월 2일, 한국기독교연합회관 17층)에 따르면, 2005년 인구주택총조사 결과 타 종교는 성장한 반면 오직 기독교 인구만 감소해 큰 충격을 주었다. 이 분석을 주도한 최현종(서울신대) 교수에 따르면, 전국의 개신교인 인구는 14만 3898명 (1.4%)이 감소했는데, 주로 대도시 지역들이었다(서울 지역은 3.4%, 인천 3.4%, 경기도 1.8% 감소). 이에 반해 불교, 기타, 가톨릭은 증가하였다. 특히 가톨릭은 서울에서만 +5.5% 증가하여 개신교와 대조적이었다(최현종, 《한국 종교인구 변동에 관한 연구》, 19).

1985~2005년 인구센서스에 따른 종교 인구 변동

| 구분 | 1985 | | 1995 | | 2005 | |
|---|---|---|---|---|---|---|
| | 인구 | 비율% | 인구 | 비율% | 인구 | 비율% |
| 불교 | 8,059,624 | 19.9 | 10,321,012 | 23.2 | 10,726,463 | 22.9 |
| 개신교 | 6,489,282 | 16.1 | 8,760,336 | 19.7 | 8,616,438 | 18.3 |
| 가톨릭 | 1,865,397 | 4.6 | 2,950,730 | 6.6 | 5,146,147 | 11.0 |
| 기타 | 788,993 | 2.0 | 565,746 | 1.3 | 481,718 | 1.0 |
| 전체 | 17,203,296 | 42.6 | 22,597,824 | 50.7 | 24,970,766 | 53.3 |

기독교의 연령대별 분포도를 보면, 한국의 기독교 미래는 암울하다. 최종현의 1995-2005년 서울의 연령별 비교에 따르면, 개신교의 변화는 0-9세는 1995년 25.3%에서 2005년 24.0%(+0.7%), 10-19세는 30.6%에서 25.5%(-5.1%), 20-29세는 25.9%에서 22.3%(-3.6%), 30-39세는 25.2%에서 21.1%(-4.1%), 40-49세는 27.0%에서 22.0%(-5%), 50-59세는 24.0%에서 23.0%(-1%), 60-69세는 23.6%에서 22.

0%(-1%), 70세는 26.5%에서 24.6%(-1.9%)로 전체적으로 하락하였다. 이에 반해 가톨릭은 0-9세는 1995년 6.8%에서 12.3%(+5.5%), 10-19세는 9.9%에서 14.8%(+4.9%), 20-29세는 8.1%에서 14.4(+6.5%), 30-39세는 8.3%에서 12.3%(+4%), 40-49세는 10.6%에서 14.3%(+3.9%), 50-59세는 9.2%에서 15.9%(+6.7%), 60-69세는 9.3%에서 14.9%(+5.6%), 70세는 11.1%에서 16.9%(+5.8%)로 증가하였다. 전체적으로 개신교가 26.2%에서 22.8%로 -3.4%인 반면, 천주교는 8.7%에서 14.2%로 +5.5% 증가하였다(최종현, 27참조). 앞서 미국에서와 같이 개신교의 유년주일학교와 중·고 청소년들의 급격한 감소와 이에 대비되는 천주교의 급격한 증가는 개신교에게 심각성을 더해주고 있다. 과연 한 세대 이후의 개신교의 종교지도는 어떻게 변화되어 있을까?

**둘째**, 교회 내외의 영역에 대한 급격한 영향력 상실이다. 교회의 대 사회적인 영향력이 지속적으로 감소하고 있다. 미국 성인들 중 66%는 종교가 사회에서 영향력을 잃어가고 있고(The Barna Research Group, Ltd., 2003년 2월 24일, "Is America's Faith Really Shifting?"), 성인 기독교인들 중 12%가 최근에 기독교를 떠났다(The Barna Research Group, Ltd., 2010년 8월 16일, "Do Americans Change Faith?")고 대답했다. 주요 이유들은 기독교나 종교에 대한 환멸, 교회의 위선, 교회에서의 부정적인 경험, 동성애, 낙태, 산아제한과 같은 문제들에 대한 교회의 입장에 반대하기 때문이며, 이에 대한 반발로 전통적인 교회에 참석하여 예배드리는 대신 인터넷을 통해 예배를 드리거나(5%), 앞으로 그렇게 할 것이라는 응답(18%) 등은 현재 미국 기독교의 현 위기상황을 잘 보여주고 있다(이명희 편, 《21세기 목회론》, 제2장 저자의 글 참조, 53-6).

한국 교계 내의 개신교 인구가 감소하는 이유도 미국의 원인과 크게 다르지 않다. 최종현 교수의 종교를 변경한 이유에 대한 분석에 따르면, 주요 이유로 마음, 생각의 변화(57.7%), 가족의 권유(32.9%), 맞지 않는 부분(11.8%)이 차지하였다. 특별히 "왜 천주교로 변경했는가?"의 질문에 대해서도, 종교적 성스러움(62.6%), 신뢰성 및 청렴성(51.9%), 사회봉사 이미지와 덜 부담스러운 분위기(각각 46.5%), 타종교에 대한 열린 태도(34.2%) 등이었다. 그러면 왜 개신교를 떠났는가?에 대한 대답으로는 개신교 어른들의 세대 교체, 기존 교회 단체에 대한 불신, 목회자들의 불륜 사건, 교회재정 횡령 사건 등이 지적되었다(최현종, 50-54).

**셋째**, 급격한 교단 신학과 그 영향력의 약화이다. 개혁교회 목회자들 가운데 32%가 웨슬리안 혹은 알미니우스 신앙을, 오순절 목회자들 중 31%가 개혁주의 신학을 소유하고 있다는 보고(Barna Group, "Is There a 'Reformed' Movement in American Churches")와 초교파 신학교들의 증가와 초교파 교회들의 성장이 이를 잘 말해준다. 특히 급성장하고 있는 미국 초교파 교회들의 성장(http://www.christianitytoday.com/edstetzer/2015/june/rapid-rise-of-non-denominational-christianity-my-most-recen.html)과 한국의 독립교회 및 선교단체연합회(http://kaicam.org)의 외연 확장 등은 기존의 교단들과 교회들에게 시사하는 바가 상당히 크다.

도대체 그동안 무슨 일이 일어난 것일까? 바로 이 시점에서 우리는 스타크의 지적을 심각하게 재고해야 한다. 과거의 역사에서 배우지 않으려는 사람에게 미래란 있을 수 없다. 과거 미국의 주요 교단들의 쇠퇴의 주요 원인들은 무엇이었는가? 한마디로 신앙의 세속화 내지는 세속주의의 지배였다. 기존의 교단들이 학식 있는 목회자를

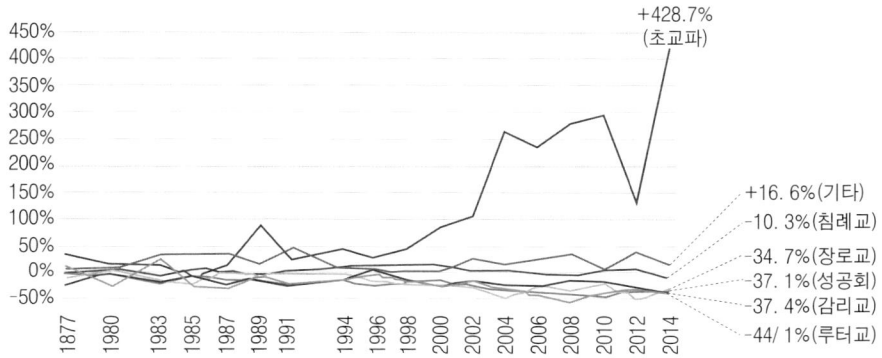

출처: General Social Survey, Base = Everage (1972-1976)

추구하고 전통적인 교리와 실천을 강조하며 보다 높은 사례금과 경쟁적인 교회 건축을 추구하며 중앙집권적인 교단 체제를 강화할 때는 언제나 종교시장에서 그들의 영향력은 놀랍도록 축소되었다. 반면에 개인의 영혼구원에 대한 열정, 평신도 사역자들에 대한 적극적인 훈련과 활용, 전통적인 신앙을 옹호했던 교단들과 교회들은 급성장했다는 것이 교회 역사에서 우리가 배울 수 있는 교훈이다.

과연, 미국과 한국의 개신교에는 미래는 없는 것일까? 세속화이론을 비판하며 외쳤던 스타크의 말이 해답이 될 수 있을 것이다.

> 본성상, 종교는 그 자체를 영원히 변화시키고 새롭게 하는 역동적인 힘이다.

교단 혹은 교회 내부의 철저한 개혁과 새로운 종교운동의 탄생이 절실한 때인 것은 분명해 보인다.

# 참고문헌

### 단행본

Bowden, Henry. *Church History in the Age of Science: Historiographical Patterns in the United States 1876-1918.* Chapel Hill, N.C.: The University of North Carolina Press, 1971.

Bowden, Henry. *Church History in the Age of Uncertainty: Historiographical Patterns in the United States 1906-1990.* Carbondale: Southern Illinois University Press, 1991.

Donald K. McKim, "determinationalism" in *Westminster Dictionary of Theological Terms.* Louisville, Kentucky: Westminster John Knox Press, 1996.

Donald K. McKim, "voluntaryism" in *Westminster Dictionary of Theological Terms.* Louisville, Kentucky: Westminster John Knox Press: 1996.

Durkheim, Émile. 《종교생활의 원초적 형태》. 노치준, 민혜숙 역, 서울: 민영사, 1992.

Finke, Roger and Stark, Rodney. 《미국종교시장에서의 승자와 패자》. 김태식 역, 서울: 서로사랑, 2009, 2014년 개정판.

Fischoff, Ephraim and Parsons, Talcott. *In Preface of Max Weber's The Sociology of Religion.* Boston: Beacon Press, 1963.

Ji-il, Tark. *Family-Centered Belief & Practice in The Church of Jesus Christ of Latter-Day saints & the Unification Church.* New York: Peter Lang, 2003.

Kelley, Dean M/이기문 역. 《왜 보수주의 교회는 성장하는가?》. 서울: 신망 애출판사, 1991.

M. A. Noll, "Puritanism" in *Evangelical Dictionary of Theology*. 2th Edit. edited by Walter A. Elwell. Grand Rapids, Michigan: Baker Academic, 2001.

Niebuhr, H. Richard. *The Social Sources of Denominationalism*. New York: Henry Holt, 1929.

Robert Green ed. 이동하 역. 《프로테스탄티즘과 자본주의: 베버 명제와 그 비판》. 서울: 종로서적, 1981.

Roberts, Keith A. *Religion in Sociological Perspective*. Belmont, CA: Thomson and Wadsworth, 2004.

Roberts, R. Philip. *Mormonism Unmasked*. Nashville: Broadman & Holman Publishers, 1998.

Stark, Rodney and Bainbridge, *A Theory of Religion*. New York: Peter Lang, 1987.

Stark, Rodney and Finke, Roger. *Acts of Faith: Explaining the Human Side of Religion*. California: University of California Press, 2000.

Stark. *Discovering God: The Origins of the Great Religions and the Evolution of Belief*. New York: HarperCollins Publishers, 2007.

Stark. *Cities of God: The Real Story of How Christianity Became an Urban Movement and Conquered Rome*. New York: HarperCollins Publishers, 2006.

Stark, Rodney. *For the Glory of God: How Monotheism Led to Reformations, Science, Witch-Hunts, and the End of Slavery*. New Jersey: Princeton University Press, 2003.

Stark, Rodney and Bainbridge, William Sims. T*he Future of Religion: Secularization, Revival and Cult Formation*. Berkeley and Los

Angeles, Calif.: University of California Press, 1985.
Stark, Rodney. *The Rise of Christianity: How the Obscure, Marginal Jesus Movement Become the Dominant Religious Force in the Western World in a Few Centuries*. New York: HarperCollins Publishers, 1996.
Stark, Rodney. *The Rise of Mormonism*. New York: Columbia University Press, 2005.
Stark. *The Triumph of Christianity: How the Jesus Movement Became the World's Largest Religion*. New York: HarperCollins Publishers, 2011.
Troeltsch, Ernst. *The Social Teaching of the Christian Churches* vol. 1. Louisville, KY: Westminster/John Knox Press, 1992, 331-333.
Weber, Max. 《프로테스탄티즘의 윤리와 자본주의 정신》. 박성수 역, 서울: 문예출판사, 2006.

김태식. 제2장 기독교 목회의 역사적 교훈, 이명희 편, 《21세기 목회론》. 대전: 침례신학대학교출판부. 2013.
최현종. 《한국종교인구변동에 관한 연구》. 서울: 서울신학대학교 출판부 현대기독교역사연구소, 2011년.

## 논문

김주한. "종교개혁은 교파 분열의 발단인가?."〈한국교회사학회〉28집 (2011): 197-219.
김태식. "로드니 스타크의 교회(Church), 분파(Sect), 이교(Cult) 이론 이해와 의의: 기독교의 사회적 형태에 대한 종교사회학적 이해."〈한국복음주의 역사신학회 제25차 논문 발표집 (2011)〉: 17-33.

김태식. "로드니 스타크의 종교의 합리적 선택이론: 개인과 사회적인 신앙(교회) 상호관계의 기초 원리에 대한 종교사회학적 접근." 〈한국교회사학회지〉 31집(2012): 207-240.

김태식. "몰몬교의 성공과 전망: 로드니 스타크의 종교사회학적 접근에 대한 이해." 〈역사신학논총〉 제25집(2013년 봄).

김태식. "초대 기독교 공동체의 성공과 종교의 합리적 선택이론: 초대 기독교 공동체에 대한 로드니 스타크의 종교사회학적 이해." 〈역사신학논총〉 제26집(2013년 가을).

배덕만. "여의도순복음교회의 성장에 대한 소고." 〈21세기에 읽는 오순절 신학〉. 대전: 복음신학대학원대학교출판부, 2009: 265-297.

Benton, Lowell C. "Ben" and Young, Lawrence A. "The Uncertain Dynamics of LSD Expansion, 1950-2020." *Dialogue: A Journal of Mormon Thought* 29-1 (Spring 1996): 8-32.

Bordin, Ruth B. "The Sect to Denomination Process in America: The Free-will Baptist Experience. *Church History* 34, no. 1 (Mr 1965): 77-94.

Brewer, Earl D. C. "Sect and Church in Methodism." *Social Forces* 30, 4 (no record): 400-408.

Bringhurst, Newell C. & Hamer, John C. eds. A book review of Scattering of the Saints: Schism within Mormonism (Independence, Missouri: John Whitmer Books, 2007). *Communal Societies* 31-1(2011): 88-90.

Bruce, Steve. "Christianity in Britain, R. I. P." *Sociology of Religion* 62 no. 2(2001): 191-203.

Bruce, Steve. "Moderation, Religious Diversity and Rational Choice in Eastern Europe." *Religion, State & Society* 27, no. 3/4(1999):

265-275.

Burd, Gene. A Book Review on The Rise of Mormonism. *Utopian Studies* 17-3 (2006): 588-590.

Christiano, Kevin J. Swatos, Jr., William H. and Kivisto, Peter. *Sociology of Religion: Contemporary Development*. New York: Rowman & Littlefield Publishers, INC., 2008.

Coleman, John A. "Church-Sect Typology and Organizational Precariousness." *Sociological Analysis* 29, no. 2 (S 1968): 55-66.

Cragun, Ryan T. & Lawson, Ronald. "The secular Transition: The Worldwide Growth of Mormons, Jehovah's Witnesses, and Seventh-day Adventists." Sociology of Religion 71-73(jan. 18, 2010); 349-373.

Dittes, James E. "Typing the Typologies: Some Parallels in the Career of Church-Sect and Extrinsic-Intrinsic." *Journal for Scientific Study of Religion* 10, no. 4(W 1971): 375-383.

Finke and Stark. "Evaluating the Evidence: Religious Economies and Sacred Canopies." *American Sociological Review* 54-6(Dec 1989): 1054-1056.

Finke, Roger and Stark, Rodney. "The New Holy Clubs: Testing Church-to Sect Propositions." *Sociology of Religion* 62, no. 2 (S 2001): 175-189.

Fischoff, Ephraim and Parsons, Talcott. *In Preface of Max Weber's The Sociology of Religion*. Boston: Beacon Press, 1963.

Furseth, Inger and Repstad, Pal. *An Introduction to the Sociology of Religion: Classical and Contemporary*. Burlington, VT: Ashgate Publishing Company, 2007.

Glazier, Stephen D. A book review of Newell C. Bringhurst & John C.

Hamer, eds., *Scattering of the Saints: Schism within Mormonism* (Independence, Missouri: John Whitmer Books, 2007). *Com-munal Societies* 31-1(2011): 88-90.

Gooren, Henry. "A book review of Rodney Stark, The Rise of Mormonism." *Journal for The Scientific study of Religion* 48-1 (2009): 209-211.

Hackett, David G. "Rodney Stark and the Sociology of American Religious History." *Journal for the Sociology of American Religious History.* 29-3(Sep 1990): 372-376.

Harnack, A. von. *Die Mission und Ausbreitung des Christentums in den ersten drei Jahrhunderten,* 1902.

Homer, Matt. "Latter Days: Mormons in Politics." *Harvard Kennedy School Review* 9 (2009): 38-43.

Huff, Suzanne & Wadley, Laura. "A Perfect Storm." *Library Journal* 133-14 (Sep. 1, 2008): 39-42.

Knowlton, David Clark. "Mormonism in Latin America: Towards the Twenty-first Century." *Dialogue: A Journal of Mormon Thought* 29-1(Spring 1996): 159-176.

Knudsen, Dean K. "Sect, Church, And Organizational Change." *Sociology Focus* 2-1(F no record): 11-17.

Langlois, Rosaire. "Internal Proletarians and Ancient Religions: History Reconsiders Rodney Stark." *Method & Theory in the Study of Religion* 11 no. 3 (1993): 299-324.

Mauss, Armand L. "Guest Editor's Introduction." *Dialogue* 29 no. 1(Spr 1996): 1-247.

Mauss, Armand L. "Mormonism in the Twenty-first Century: Marketing for Miracles." *Dialogue* 29-1(Spring 1996): 236-249.

Mauss, Armand L. "Mormonism's Worldwide Aspirations and its Changing Conceptions of Race and Lineage. *Dialogue: A Journal of Mormon Thought* 29-1(Spring 1996): 103-133.

Mauss, Armand L. "Rodney Stark: The Berkeley Years." *Journal For The Scientific Study of Religion* 29, no. 3 (S 1990): 362-366.

Mauss, Armand L. and Barlow, Philip L. "Church, Sect. and Scripture: The Protestant Bible and Mormon Sectarian Retrenchment." *Sociological Analysis* 52-4(1991): 397-414.

Mayrl, William W. "Marx's Theory of Social Movements and the Church-Sect Typology." *Sociological Analysis* 37-1(S 1976): 19-31.

McCutcheon, Russel T. "A Symposium on Rodney Stark's The Rise of Christianity." *Religious Studies Review* 25, no. 2(April 1999): 127-139.

McGrath, Joanna Collicutt. "Post-traumatic growth and the origins of early Christianity." *Mental Health, Religion & Culture* 9-3 (June 2006): 291-306.

Miller, Sara. "Why Monotheism Makes Sense Rational Choice." *Christian Century* 121, no. 12(Je 15 2004): 30-36.

Millet, Robert L. & Johnson, Gregory C. V. "Bridging the Divide." *USA Today* 138-2776(January, 2010): 26-28.

Murphy, Rodalyn F. T. "Gender Legacies: Black Women In The Early Church-An Ethno-Historical Reconstruction." *BT* 7-1(2009): 10-30.

Niebuhr, Reinhold. "The Ecumenical Issue in the United States." *Theology Today* 2, no. 4(Je 1946): 525-536.

No Name. "Romney Speech on Faith may Assure Some, Trouble

Others." *Christian Century* (December 25, 2007): 11.

Ostling, Richard. "Mere Mormonism." *Christianity Today* (February 7, 2000): 72-73.

Phillips, Rick. "Rethinking the International Expansion of Mormonism." *Nova Religio: The Journal of Alternative and Emergent Religions* 10-1(2006): 52-68.

Porter, Bruce D. "Is Mormonism Christian?." *First Things* (October 2008): 35-38.

Price, Richard M. "Celibacy and Free Love in Early Christianity." *Theology & Sexuality* 12-2(2006): 121-142.

Regev, Eyal. "Were the Early Christians Sectarians." *Journal of Biblical Literature* 130-4 (2011): 771-793.

Sanders, Jack T. "Christians and Jews in the Roman Empire: A Conversation with Rodney Stark." *Sociological Analysis* 53-4(1992): 433-445.

Schmalz, Mathew N. "Meet the Mormons: From the Margin to the Mainstream." *Commonweal* 134-19(November 9, 2007): 16-19.

Schor, Adam M. "Conversion by the Numbers: Benefits and Pitfalls of Quantitative Modelling in the Study of Early Christian Growth." *Journal of Religious History* 33-4(2009): 472-498.

Sheler, Jeffery L. "Don't call it 'Mormon.'" *U. S. News & World Report* 130-11(March 19, 2001): 1-2.

Shepherd, Gordon and Shepherd, Gary. "Membership Growth, Church Activity, and Missionary Recruitment." *Dialogue: A Journal of Mormon Thought* 29-1 (Spring 1996): 33-57.

Sherkat, Darren E. "Investigating the Sect-Church-Sect Cycle: Cohort-Specific Attendance Differences across African-American

Denominations." *Journal for the Scientific Study of Religion* 40-2(Jun 2001): 221-233.

Simpson, John H. "The Stark-Bainbridge Theory of Religion." *Journal for the Scientific Study of Religion*. 29-3(Sep 1990): 367-371.

Spomer, Rev. Philip. "Mr. Smith Goes to Nicea." *First Things Letters of Correspondence* 225(February 2009): 2.

Stanley, Manfred. "Church Adaptation to Urban Social Change: A Typology of Protestant City Congregations." *Journal for the Scientific Study of Religion* 2, no. 1(F 1962): 64-73.

Stark. "Conversation" *Missiology: An International Review* 33, no. 2(Ap 2005): 224-225.

Swatos. Jr., William H. "Weber or Troeltsch?: Methodology, Syndrome, and the Development of Church-Sect Theory." *Journal for the Scientific Study of Religion* 15, no. 2(1976): 129-144.

Stanley, Manfred. "Church Adaptation to Urban Social Change: A Typology of Protestant City Congregations." *Journal for the Scientific Study of Religion* 2, no. 1(F 1962): 64-73.

Taesig Kim. "Can Christian Historiography Be Objective? An Examination of the Thought of Carl Lotus Becker and Kenneth Scott Latourette." Unpublished Ph. D. Dissertation. New Orleans, LA: New Orleans Baptist Theological Seminary(2009): 1-176.

Thomas, George M. "The Past, Present, and Future of Religion: Themes in the Work of Rodney Stark." *Journal for the Scientific Study of Religion* 29, no. 3(S 1990): 361-386.

Turner, Darrell. "Book Review on The Discovering God: The Origins of the Great Religions and the Evolution of Belief." *National Catholic Report* (April 16, 2008): 1-18.

White, L. Michael. "Sociological Analysis of Early Christian Groups: A Social Historian's Response." *Sociological Analysis* 47-3 (1986): 249-266.

White, O. Kendall Jr. and White, Daryl. "Polygamy and Mormon Identity." *The Journal of American Culture* 28-2(June 2005): 165-177.

Zuck, Rey B. A book review of Robert L. Millet, *The Vision of Mormonism: Pressing the Boundaries of Christianity* (St. Paul, MN: Paragon House Publishers, 2007). *Dialogue & Alliance* 21-2 (Fall/ Winter 2007): 97-99.

인터넷 자료

Barna Group, "Is There a 'Reformed' Movement in American Churches?" from http://www.barna.org/faith-spirituality/447-reformed-movement-in-american-churches. 2011년 4월 5일 접속.

Baylor Magazine, "Big Idea" from http://www.baylor.edu/alumni/magazine/0205/news.php?action=story&story=7729. 2015년 6월 30일 접속.

Contending for the Faith, "The Experts Speak-Rodney Stark. Ph.D" from http://www.contendingforthefaith.org/libel-litigations/god-men/experts/stark.html. 1-10, 2015년 6월 30일 접속.

Encyclopia.com, "Stark, Rodney 1934-" from http://www.encyclopedia.com/article-1G2-2507100129/stark-rodney-1934-rodney.html. 2015년 6월 30일 접속.

Encyclopedia of Religion and Society, "Stark, Rodney," from http:// hirr.

hartsem.edu/ency/StarkR.htm, 2015년 6월 30일 접속.

National Council of Churches USA, "News from the National Council of Churches" from http://www.ncccusa.org/news/110210 yearbook2011.html. 2011년 3월 4일 접속.

Wikipedia, Baylor University, "Rodney William Stark" from http://www.baylorisr.org/about-isr/distinguished-professors/rodney-stark. 2015년 6월 30일 접속.

Wikipedia, "Charles Y. Glock" from https://en.wikipedia.org/wiki/Charles_Y._Glock, 2015년 6월 30일 접속.

Wikipedia, "John Lofland" from https://en.wikipedia.org/wiki/John_Lofland_(sociologist), 2015년 6월 30일 접속.

Wikipedia, "Peter L. Berger" from http://en.wikipedia.org/wiki/Peter_L._Berger 2012년 11월 9일 접속.

Wikipedia, "Rodney William Stark" from https://en.wikipedia.org/wiki/Rodney_Stark. 2015년 6월 30일 접속.

Wikipedia, "Roger Finke" from https://en.wikipedia.org/wiki/Roger_Finke, 2015년 6월 30일 접속.

Wikipedia, "William Sims Bainbridge," from https://en.wikipedia.org/wiki/William_Sims_Bainbridge, 2015년 6월 30일 접속.

종교와 선택
로드니 스타크와 기독교

| | |
|---|---|
| 지은이 | 김태식 |
| 펴낸이 | 정덕주 |
| 발행일 | 2015년 10월 30일 |
| 펴낸곳 | 한들출판사 |
| | 서울시 종로구 대학로 19(기독교회관 1012호) |
| | 등록 제2-1470호. 1992년 |
| 홈페이지 | www.handl.co.kr |
| 이메일 | handl2006@hanmail.net |
| | 전화 02-741-4070 |
| | 전송 02-741-4066 |

ISBN 978-89-8349-686-7   93230
* 잘못된 책은 바꾸어 드립니다.